SAINTE TÉRÈSE

D'APRÈS

SA CORRESPONDANCE

.PAR

L'Abbé James CONDAMIN

CHANOINE HONORAIRE

·PROFESSEUR A LA FACULTÉ CATHOLIQUE DES LETTRES DE LYON

DEUXIÈME ÉDITION

Avec le portrait authentique de Sainte Térèse,
gravé à l'eau-forte.

LYON

LIBRAIRIE ET IMPRIMERIE VITTE & PERRUSSEL

3 ET 5, PLACE BELLECOUR, ET RUE SALA, 58

1886

SAINTE TÉRÈSE

d'après

SA CORRESPONDANCE

Permis d'imprimer :

† Louis-Marie, Cardinal CAVEROT.
Archevêque de Lyon et de Vienne.

———

IL A ÉTÉ TIRÉ :

Sur japon impérial. . . . .   5 exemplaires.
Sur papier de Hollande. .   10   —
Sur vélin ordinaire   500   —

SAINTE THÉRÈSE

Portrait authentique peint d'après nature
par le F. Jean de la Misère

ET CONSERVÉ CHEZ LES CARMÉLITES DE SÉVILLE

SAINTE TÉRÈSE

D'APRÈS

SA CORRESPONDANCE

PAR

L'Abbé James CONDAMIN

CHANOINE HONORAIRE

PROFESSEUR A LA FACULTÉ CATHOLIQUE DES LETTRES DE LYON

DEUXIÈME ÉDITION

Avec le portrait authentique de Sainte Térèse,
gravé à l'eau-forte.

LYON

LIBRAIRIE ET IMPRIMERIE VITTE & PERRUSSEL

3 ET 5, PLACE BELLECOUR, ET RUE SALA, 58

1886

A

MARIE IMMACULÉE

Reine et Mère du Carmel

APPROBATIONS

ARCHEVÊCHÉ
de
BORDEAUX

Bordeaux, le 25 avril 1879.

Monsieur l'Abbé,

L'*Etude sur les Lettres de sainte Térèse de Jésus* dont vous m'avez fait hommage, m'a vivement intéressé. Plus heureux que le peintre et le statuaire, vous avez saisi l'âme même de votre héroïne, et, dans des pages qui forment un tableau animé, vous l'avez montrée avec sa physionomie véritable. Oui, c'est bien là Térèse de Jésus, grande et belle dans son esprit d'obéissance et d'humilité ; admirable et forte dans les sécheresses ou les extases de l'oraison ; brûlante d'amour pour le Dieu de l'Eucharistie, et cependant sensible à l'amitié; car la Religion n'étouffe pas, dans le cœur de l'homme, l'amour de ses semblables; elle lui apprend seulement à aimer comme on aime au ciel. Pour s'en convaincre on n'a qu'à lire les lettres de sainte Térèse et celles de saint François de Sales. Ainsi que vous le dites si bien, dans sainte Térèse, l'amour de Dieu et celui des hommes ne font qu'un amour: de là, un apostolat que rien ne peut rebuter.

Votre travail, mon cher Abbé, fait le plus grand honneur à votre piété et à votre talent. L'un et l'autre aura sa récompense. Ce n'est pas en vain qu'on fait aimer une Sainte qui est tout à la fois la gloire de l'Espagne et de notre mère l'Eglise, si féconde en grandes âmes.

Recevez donc, cher Monsieur l'Abbé, mes sincères félicitations. Je fais des vœux pour que vous ne vous arrêtiez pas en si bonne voie.

† FERDINAND, Cardinal DONNET,
Archevêque de Bordeaux.

ÉVÊCHÉ
de
SAINT-CLAUDE
—

St-Claude, 14 avril 1879.

Monsieur l'Abbé,

A la réception de votre *Etude sur les Lettres de sainte Térèse de Jésus,* par un profond sentiment de reconnaissance, je me suis fait un devoir empressé de la lire, et, sur-le-champ, à ce sentiment est venu se joindre celui de l'admiration pour votre édifiant travail: très certainement il est appelé à produire d'heureux fruits dans les âmes qui en feront le sujet de leurs pieuses lectures.

Veuillez donc, Monsieur l'Abbé, avec mes meilleurs remerciements, agréer l'assurance de mes bien dévoués respects.

† LOUIS-ANNE,
Evêque de Saint-Claude.

ÉVÊCHÉ DE GAP

Gap, le 23 avril 1879.

Monsieur l'Abbé,

Je viens de lire votre charmante *Etude sur les lettres de sainte Térèse de Jésus* et j'y trouve le plus vif intérêt. Tout en invitant à lire ces lettres admirables, elle est déjà elle-même un excellent livre de piété, à notre époque, où il s'en fait tant de misérables. Je souhaite donc que votre petit livre, si plein de la vraie doctrine, ait tout le succès qu'il mérite.

Recevez, Monsieur l'Abbé, avec mes sincères remerciements, l'assurance de mes sentiments les plus dévoués.

† A.-V.-F.
Evêque de Gap (1).

(1) Mgr Guilbert a succédé, sur le siége archépiscopal de Bordeaux, à S. E. le Cardinal Donnet, notre illustre et vénéré compatriote.

ÉVÊCHÉ
de
NANCY ET TOUL
—

Nancy, le 25 juin 1885

Cher Monsieur le Chanoine,

J'apprends, avec un vrai bonheur, que vous allez publier une *seconde* édition de votre pieuse et attrayante *Etude sur les Lettres de sainte Térèse de Jésus.*

Cet ouvrage a fait beaucoup de bien : il en fera plus encore.

Vous avez révélé l'âme si grande et si humble, si forte et douce, si vaillante et si tendre de cette admirable Sainte, telle qu'elle apparaît dans ses *Lettres.*

Comme vous l'avez très bien dit : « Ce qui fait le charme exquis des lettres de sainte Térèse, ce n'est, à proprement parler, ni sa haute sagesse, ni son énergie, ni ses vertus; c'est à la fois tout cela, c'est son âme. Sainte Térèse est attachante parce qu'elle nous *montre son âme.* »

Vous avez mis vous-même, dans ce travail,

les attraits de votre esprit, les délicatesses de votre cœur, et l'onction de votre piété.

Que Dieu bénisse votre ouvrage, afin qu'il soit, pour un grand nombre d'âmes, le messager de la lumière, de la force et de l'espérance !

Recevez, cher Monsieur le Chanoine, la nouvelle assurance de mon affectueux dévouement en Notre-Seigneur.

† CHARLES-FRANÇOIS,
Evêque de Nancy.

ÉVÊCHÉ
de
GRENOBLE
—

Grenoble, le 9 juillet 1885.

Cher Monsieur le Chanoine,

Votre pieux et charmant opuscule sur les *Lettres de sainte Térèse* m'a fourni la matière d'une très attachante et très fructueuse lecture spirituelle. Et puisque vous voulez bien me demander ma pensée sur votre travail, je n'ai qu'une critique à formuler : c'est que ces pages soient trop courtes.

J'espère qu'en les rééditant, vous pourrez en augmenter le nombre et permettre ainsi à beaucoup d'âmes qui ne peuvent boire les eaux du grand fleuve, de recueillir, pour se reposer et se rafraîchir, quelques-unes des plus pures gouttes d'eau de la source qui, du cœur séraphique de sainte Térèse, jaillit jusqu'à la vie éternelle.

Veuillez agréer, je vous prie, cher Monsieur le Chanoine, la nouvelle expression de mon bien respectueux et sympathique dévouement en Notre-Seigneur.

† F.-J. XAVIER,
Evêque de Roséa.

AVERTISSEMENT

—

La première édition de cette Etude a été épuisée en quelques mois. C'est apparemment la preuve que le public a bien voulu s'y intéresser, et peut-être aussi que la Providence a daigné favoriser les efforts de l'ouvrier et bénir l'œuvre.

On en donne aujourd'hui une édition nouvelle tant pour correspondre, en quelque sorte, à la grâce, que pour se rendre à des sollicitations flatteuses et réitérées.

Mais cette édition est, quant au fond, de tout point identique à la précédente. Seules, les lettres récentes de NN. SS. les Evêques de Nancy et de Roséa, ajoutent au texte la haute valeur d'une bienveillante appréciation.

Sous le rapport artistique, on a eu à cœur de rivaliser de goût avec l'imprimeur en faisant graver, pour le mettre en tête de l'opuscule, le portrait authentique de sainte Térèse.

Là-dessus, quelqu'un ne manquera pas d'objecter que cela n'est point chose rare et que plusieurs éditeurs des Œuvres de la Sainte se vantent, eux aussi, d'avoir donné l'unique vraie copie de son portrait.

Ce n'est pas ici le lieu de trancher cette question délicate.

L'on peut affirmer cependant, l'histoire en main, que sainte Térèse ne se résolut à poser qu'une fois en sa vie ; que c'est le frère Jean de la Misère, Carme déchaussé, qui eut l'honneur d'être appelé à fixer sur la toile les traits séraphiques de la Sainte ; enfin que, s'il rendit à peu près la ressemblance du modèle, il ne fit rien moins qu'un chef-d'œuvre. « Dieu vous pardonne, mon frère, lui dit spirituellement sainte Térèse en cette circonstance, Dieu vous pardonne de m'avoir faite si laide ! »

On a pensé, après cela, que le parti le plus sûr à prendre était de se référer, pour une reproduction, audit portrait de Jean de la Misère, dont l'original est soigneusement conservé par les Carmélites du monastère de Séville.

Quoi qu'on puisse, en effet, objecter, la physionomie de sainte Térèse a, sur cette toile, quelque chose de profond, d'inspiré, qu'on ne lui retrouve pas ailleurs, et c'est à tout le moins peu se risquer de prétendre que les vrais admirateurs de la chère Sainte n'auront aucune peine à l'y reconnaître.

PEYRARD, 8 septembre 1885,
en la fête de la Nativité de la Sainte V

AVANT-PROPOS

DE LA PREMIÈRE ÉDITION

ES pages qui vont suivre n'é-
taient pas, dans le principe,
destinées à être réunies en
brochure.

Ecrites au jour le jour, elles ont paru
d'abord, sous forme d'*articles*, dans l'une
des Revues diocésaines (1). Mais l'intérêt

(1) Les ANNALES CATHOLIQUES, *Semaine religieuse
et politique* du diocèse de Lyon. — Depuis 1882,
les *Annales catholiques* se sont fusionnées avec la
Semaine religieuse pour former la REVUE HEBDOMA-
DAIRE DU DIOCÈSE DE LYON, laquelle est rédigée par
un Comité d'ecclésiastiques : elle parait, sous le haut
patronage de S. E. Mgr le Cardinal Archevêque de
Lyon, chez MM. Vitte et Perrussel, 3, place Bellecour.

qu'elles ont eu la bonne fortune de provoquer, et aussi, les marques de sympathie bienveillante qu'elles ont attirées de maint endroit à l'auteur lui font comme un devoir de les livrer à une demi-publicité.

Il les donne d'ailleurs telles quelles, sans addition ni restriction aucune, dans la forme ingénue sous laquelle elles se produisirent tout d'abord.

Son vœu, comme son espérance, c'est qu'elles contribuent à faire quelque bien.

La connaissance des Saints et de leurs écrits emporte, d'elle-même, pour les âmes, des avantages de toute sorte. Peut-être cet aperçu modeste sur une *Correspondance* assez inexploitée fera-t-il naître le désir de recourir au texte lui-même et de lire *in extenso* ces causeries ravissantes qui sont au-dessus de tout éloge.

Mais si l'on en vient là, pour sûr on ne s'arrêtera pas en si bon chemin.

L'on voudra savourer encore cette admirable *Vie* que sainte Térèse composa elle-même sur l'ordre de ses confesseurs.

Puis, pour achever la connaissance, on ira d'une traite aux sublimes élévations de la réformatrice du Carmel, et le *livre des Fondations*, celui des *Exclamations*, la *Glose*, le *Chemin de la Perfection* et le *Château intérieur de l'âme* fourniront alors un aliment, le dernier et le plus substantiel de tous, à la piété du lecteur.

C'est ainsi qu'une étude rapide, presque une ébauche, sur les *Lettres* de sainte Térèse de Jésus pourra, s'il plait à Dieu, servir d'introduction et amener doucement à la lecture si réconfortante des *Œuvres complètes* de la chère Sainte.

Il existe, de ces Œuvres, une excellente traduction française en six volumes.

C'est à ce texte définitif donné par le R. P. Marcel Bouix, de la Compagnie de Jésus, que l'auteur a emprunté, presque toujours, les citations intercalées dans son travail.

—

Lyon, le 11 février 1879, *fête de l'Oraison de Notre-Seigneur* Jésus-Christ *au jardin des Olives.*

I

 A *Vie* d'un saint est une merveilleuse école de vertu.

Quand cette vie est retracée avec le talent qu'ont su y mettre les pieux hagiographes de notre époque, elle n'offre pas seulement l'intérêt qui captive, mais elle enlève encore, pour l'ordinaire, notre enthousiasme et nous incite puissamment à imiter le personnage du récit.

Et pourtant, qu'est cela en comparaison des influences qu'exercent ou peuvent exercer, non plus le tableau d'une existence habilement présentée à nos regards, mais les conseils eux-mêmes et la parole vivante du héros ?... Ce n'est plus alors un drame qui se déroule : c'est un enseignement qui s'impose, avec la double autorité de l'expérience et de la vertu. Celui qui parle a *vécu* ce qu'il annonce, et l'auréole de gloire dont il est entouré imprime à sa doctrine une suprême consécration.

Il y a donc, à côté de l'école merveilleuse dont je parle, une autre école non moins admirable et qui me semble plus immédiatement utile à fréquenter, parce que la leçon y est plus directe et le précepte formulé plus constamment : c'est l'école des *Ecrits* des Saints.

Oui, cherchez surtout les Saints dans leurs *Œuvres*, car c'est là qu'ils vous apprendront comment ils s'y sont pris pour arriver au ciel ; consultez ce qu'on peut appeler leurs *novissima verba;* et, pour en venir à des exemples et à des exemples très divers, ouvrez, à n'importe quelle page, les *Confessions* de saint Augustin, les *Cantiques* de saint Bonaventure, ou cette incomparable *Imitation de* Jésus-Christ composée par un moine inconnu, ou encore l'*Introduction à la vie dévote*, du doux François de Sales : vous verrez quel fruit excellent vous retirerez de ces lectures pour votre avancement spirituel.

Peut-être allez-vous m'objecter que ces livres sont bien dogmatiques. Vous n'aimez pas, dites-vous, qu'on vous serve ainsi la vérité en bloc ; vous voulez que l'exemple fasse passer le précepte avec lui ; et, pour ce, vous préférez à un enseignement continu l'agréable laisser-aller d'un récit et la piquante variété d'une histoire.

Mais, patience ! Voici précisément, dans les œuvres même des Saints, matière à vous contenter. Ce ne sera ni une suite de prescriptions méthodiques sur la recherche du bien, ni un traité en forme sur la pratique d'une vertu, encore moins de savantes et spéculatives considérations sur telle élévation de l'âme, mais quelque chose de tout cela murmuré délicatement à votre oreille dans un charmant tête-à-tête : ce sera une causerie, ordinairement sérieuse, souvent enjouée, toujours aimable sur les choses du dedans; ce sera une *lettre*, c'est-à-dire, de tous les genres littéraires, le plus personnel et, maintes fois, le plus attachant.

On a eu, dans notre siècle, avec beaucoup d'autres ambitions plus ou moins heureuses, celle de rechercher, pour en faire collection et s'y instruire, les lettres des hommes illustres qui ne sont plus. Portant même à l'excès une préoccupation fort louable en principe, on a inondé le public de livres de *Correspondance*, et bien des pages ont ainsi revu le jour qui eussent dû, pour le plus parfait avantage de leurs auteurs, rester à jamais dans l'oubli. C'est le revers de toute médaille.

Mais, au demeurant, il y a eu à faire profit de ces documents intimes. Et voici pourquoi : c'est qu'on y a vu l'homme. L'écrivain est si difficilement *lui*, quand il compose ; il lui est si malaisé de ne pas penser au public qui attend et d'écrire seulement pour le plus grand honneur de l'art, que, bon gré mal gré, sous l'empire de préoccupations malencontreuses, l'auteur se drape ou prend des poses qui ne nous le découvrent qu'à demi. Dans sa correspondance, au contraire, outre l'intérêt particulier qui découle de la connaissance des mille petits détails si bien en leur lieu dans une lettre, l'homme perce à chaque ligne : ce n'est plus à la postérité qu'il s'adresse, mais à un ami ; il ne dogmatise pas, il cause ; et, dès lors, plus de contrainte ni de recherche, mais ce doux abandon, grâce auquel il épanche, sans y songer, toutes les amabilités de son esprit et toutes les richesses de son cœur.

Aussi, quel attrait n'exercent pas ces sortes d'ouvrages! On ne les lit pas, on les dévore; et, quand on les quitte, après les avoir terminés, c'est avec l'intention d'y revenir bientôt.

Que si voilà l'enthousiasme produit par des œuvres profanes, de quelque nom qu'elles soient signées, lettres de Joseph de Maistre, lettres d'Ozanam, ou autre, il est clair qu'il faudra renchérir bien davantage en touchant aux œuvres analogues des Saints. Il y a tels Saints en effet dont le nom seul est une séduction : il sonne à l'oreille avec suavité, et jamais il n'arrive à l'âme sans l'échauffer ni l'émouvoir. Cherche qui voudra l'explication du fait. Pour moi, je constate et j'affirme, sans crainte d'être démenti, qu'il y a des Saints qu'on aime avec passion.

Or, parmi ces Saints dont la liste

serait, si je ne m'abuse, assez facile à dresser, je réclame une place pour sainte Térèse, ou plutôt — car tout le monde est de mon avis — je rappelle que sainte Térèse occupe une place de choix.

Mais sainte Térèse de Jésus, la réformatrice de l'ordre du Carmel au XVIᵉ siècle, l'une des plus éclatantes et des plus pures gloires de son temps, presque un docteur de l'Eglise, sainte Térèse, dis-je, n'a pas seulement écrit des volumes de haute spiritualité. Il ne se passait guère un jour sans qu'elle eût à échanger quelque lettre soit avec les Prieures de ses monastères, soit avec les personnes du monde qu'attiraient de toutes parts l'éclat de son génie et les merveilles de sa sainteté.

Cependant, encombrée d'occupations, fréquemment souffrante, harcelée par le muletier qui réclamait le courrier pour se mettre en route, elle ne suffisait à tout qu'à la condition d'écrire assez habituellement à tire-d'aile. Mais faut-il s'en désoler ? N'est-ce point la bonne manière quand il s'agit de *correspondance*, et le commerce épistolaire s'accomoda-t-il jamais de la recherche du style ou des raffinements de la pensée ?.... Ayez votre esprit naturel, sans plus ; laissez vos sentiments se produire tout à l'aise; ne visez pas à la phrase, racontez ; ne discourez point, parlez à cœur ouvert : et vos lettres seront exquises.

Et les lettres de sainte Térèse le sont pour ce motif.

Sa pénétrante intelligence et son cœur généreux s'y donnent carrière à chaque pas ; et, joignant à des qualités déjà si précieuses le mérite non moins rare d'imaginer avec force, elle ajoute encore au charme natif des choses par l'éclat et la vivacité des couleurs tout espagnoles dont elle use pour les exprimer. En d'autres termes, elle est artiste, et se révèle peintre et poète autant qu'écrivain.

Prenons donc, sans hésiter, notre part de ce mets succulent. Feuilletons, pour notre édification et notre plaisir, ces lettres ravissantes dont la collection ne forme pas moins de trois gros volumes ; et, soit que Térèse y parle comme fondatrice d'Ordre, soit qu'elle y donne à ses proches ou aux grands du siècle des avis de perfection, nous trouverons, dans ces pages ingénues, avec le charme d'une lecture attrayante, une riche moisson de conseils pratiques et un perpétuel encouragement à nous sanctifier.

II

CARACTÈRE DE SAINTE TERÈSE

Ans la carrière religieuse de
sainte Térèse, tout est
dominé par une pensée
maîtresse : réformer l'Ordre du Carmel. C'est là son œuvre
de choix, l'œuvre à laquelle la desti-
nait la divine Providence et où se
révèlent le plus manifestement les
qualités merveilleuses que Dieu lui
avait départies.

Le premier et principal but de cette

étude sera donc d'esquisser, à l'aide des *Lettres*, la physionomie à la fois sévère et sympathique de l'illustre Réformatrice.

Mais, à côté de ce portrait, il y aura place encore pour d'autres détails. Il lui faut, du reste, pour qu'il ne perde rien de sa valeur, un cadre harmonieux et un jour favorable. Or, de même que les peintres, avant d'attaquer définitivement leur sujet, s'essaient d'abord la main dans une ébauche, de même tenterai-je de faire une sorte de *croquis* de sainte Térèse, avant de la montrer dans la beauté rayonnante de son génie et de sa vertu. Ce premier travail sera comme le cadre du tableau à venir. Puis, quand la toile sera peinte, il y aura à lui trouver une exposition heureuse qui ajoute encore aux amabilités d'une si noble figure ; mais cela sera facile.

Venons-en donc de suite à ce que j'ai nommé le croquis et à ce qu'on pourrait appeler le caractère général de sainte Térèse.

C'est d'abord, chez elle, un sentiment profond, constant, et toujours très fortement exprimé, du néant des choses de la terre : « On ne peut, dit-elle, compter sur rien dans la vie. »

Aussi, ne lui parlez ni de plaisirs, ni de rêves de bonheur, car tout lui semble également vain. « Toutes les joies de cette vie, assure-t-elle, sont suspectes. » Bien plus, si l'on met « sa joie en des choses qui passent, l'on se voit cruellement déçu ! »

Que faire alors ? Se persuader de « cette vérité », et chercher ailleurs qu'en ce monde où placer sa confiance. « Oh ! s'écrie-t-elle, si nous étions bien éclairés, qu'il y aurait peu de choses capables de nous attrister en cette vie ! »

Sans doute, cette vie est pleine d'espérances déçues, de félicités foudroyées, d'infortunes à subir et de croix à porter; mais il n'y a rien là de si triste, quand on songe aux choses d'en haut et qu'on regarde le ciel. C'est d'en haut, en effet, que, du même coup, Notre-Seigneur éclaire sur la valeur infime des biens terrestres et sur le prix extraordinaire des souffrances ; et, à l'aide de cette lumière, « on supporte en paix le peu de contentement que nous donnent les choses de cette vie, qui sont d'une si courte durée. » Mais, poursuit notre Sainte, « c'est une bien signalée faveur de Dieu que de comprendre de plus en plus le peu de cas qu'on doit faire d'une vie qui, à chaque instant, nous avertit de sa courte durée, et d'aimer, de chercher avec ardeur celle qui ne doit jamais finir. »

Il est vrai, la faveur est « signalée » et souverainement digne d'envie. Peu l'obtiennent. Mais la raison de ce petit nombre d'élus ne viendrait-elle pas de ce que peu la sollicitent ?...

Car il existe, cet « Ami véritable, » ce seul « Ami dont nous devons faire cas » et à qui il suffit de s'adresser avec instance pour être exaucé pleinement. Il existe et « c'est Dieu ». Allez à Lui tout entier, sans Lui disputer, pour la réserver aux créatures, une part, si minime soit-elle, de votre être ; et, comme « ce Maître adorable a bien peu d'amis fidèles, » il daignera vous savoir gré de votre choix et de votre don.

Dieu et l'âme, voilà tout ce qui reste, quand on a rompu les misérables attaches qui jadis retenaient à la terre. Vous êtes maintenant désabusé d'une vie au milieu de laquelle « on a tant de peine à être tout à fait saint », et vous aspirez à « voir cette éternité qui ne connaît pas les changements du temps. »

Eh bien ! courage, et en avant ! Le regard sans cesse dirigé vers le but de la course, marchons appuyés sur la croix. « Je sais, dit sainte Térèse, je sais par expérience que le seul moyen de ne pas tomber est de n'avoir d'autre soutien que la croix, et de confiance qu'en Celui qui, pour nous, y a voulu être attaché. Je trouve en Lui un ami véritable et je me sens ainsi élevé à un tel empire qu'il me semble que, pourvu que mon Dieu ne me manque point, je serais assez forte pour résister au monde entier ligué contre moi. »

C'est qu'en effet la route pourra être longue, les dangers nombreux, et la lutte terrible ; peut-être même surgira-t-il une croix à chaque détour du chemin. Mais qu'importe ? Ceux-là seuls « ont beaucoup à souffrir, qui ne sont pas bien préparés à en trouver la vie pleine. » Pour nous, éclairés sur ce point capital, nous savons que « la croix ne peut nous manquer en cette vie. » Et, comme sainte Térèse, et avec non moins de joie, nous proclamons bien haut que « nous sommes du parti du Crucifié. »

Que si, parfois, notre âme semble plier sous le poids qui l'accable, gardons-nous cependant de céder à des craintes puériles. Dieu ne tente personne au-dessus de ses forces ; et quand il tient une âme sous le pressoir, il a fixé d'avance, avec son cœur de Père, le terme de l'épreuve. Aussi bien, d'ordinaire, il ne charge que ses amis ; « quand il envoie de grandes épreuves, » c'est qu'il « aime beaucoup ; » et l'expérience démontre qu'au moment où il donne « beaucoup de peines à la fois, il a coutume de faire suivre de près la consolation. »

La consolation ! Ah ! voilà un mot et une chose dont l'effet est bien puissant sur l'âme en détresse. Mais il en est de la consolation comme de tout. Une seule chose importe ici-bas : c'est de faire la volonté de Dieu et de s'abandonner à Lui ! « Faire sa volonté, afin de n'avoir rien à craindre, » et s'abandonner à lui en « cherchant moins les consolations de Dieu que le Dieu des consolations ».

L'on arrive ainsi très vite à reconnaître, avec la chère Sainte, que « les tribulations et les croix sont un pain délicieux. » Les premières bouchées paraissent amères ; mais, quelle suavité, quand on ne s'arrête pas à la surface ! Il y faut mordre « de bon cœur, » et, cela une fois fait, l'on se convainc « qu'il n'y a paspour l'âme de meilleure nourriture. »

« Ah ! » ajoute Térèse, qui trouve un mot charmant pour montrer que la souffrance fut l'élément propre des Saints pendant leur vie, « y a-t-il une satisfaction plus vive, un plaisir plus pur que de souffrir pour notre Sauveur Jésus-Christ, un si bon maître ? En quels temps les Saints *furent-ils dans leur centre*, si ce n'est quand ils souffrirent pour leur Seigneur et pour leur Dieu ? C'est là le chemin, le plus sûr chemin, pour aller à Dieu, puisque la croix doit faire toute notre félicité. Cherchons donc la croix, soupirons après la croix, embrassons les souffrances ! »

Ces « soupirs après la croix, » elle

vint les pousser dans le calme du cloître. Petite enfant, elle avait donné déjà une marque aussi enthousiaste que singulière de son avidité de sacrifice. Maintenant, c'est un champ immense qui s'ouvre devant elle. Nous savons où elle aspire, et, s'il fallait un dernier mot pour nous éclairer, nous l'entendrions nous apprendre que « tout sert pour la gloire de Dieu, quand il y a, au fond du cœur, un désir sincère de le servir. »

Voyons-la donc à l'œuvre et assistons à sa réforme du Carmel.

III

LA RÉFORME DU CARMEL

IL faut lire, dans la *Vie de sainte Térèse écrite par elle-même* (l'un des livres les plus admirablement instructifs qui soient sortis de la main des hommes), comment Notre-Seigneur résolut la Sainte à jeter les fondements de cette réforme.

Le monastère de l'Incarnation, dont elle faisait partie, était étrangement déchu de sa ferveur primitive. Les constitutions y avaient reçu des adoucissements de toute espèce. On sortait, par exemple, de la maison, sous des prétextes plus spécieux que solides, tantôt à cause de la pauvreté du couvent, laquelle, de fait, était parfois extrême ; tantôt, pour porter des consolations aux affligés du dehors ou pour tenir compagnie à quelque dame de qualité. Et ainsi, l'esprit religieux, qui vit et se retrempe par une constante fidélité à la règle, se trouvait fortement ébranlé.

Plus qu'aucune de ses compagnes, Térèse gémissait d'un pareil état de choses. Maintes fois elle s'en était plainte au Maître, à « l'Ami » par excellence, avec qui elle avait une liberté de langage toute particulière. Elle s'en était ouverte aussi à trois ou quatre Religieuses, et ces saintes filles, avides de perfection, souhaitaient, comme elle, que la règle fût bientôt rétablie et observée, quelque part, dans sa teneur absolue.

Or, un jour, après une attente qui parut longue, Notre-Seigneur fit connaître ses intentions de la manière la plus formelle.

Voici en quels termes sainte Térèse rend compte des ordres qui lui furent donnés : « Un matin, » dit-elle — c'était vers le commencement de l'année 1562 — « un matin, au moment où je venais de communier, Notre-Seigneur me commanda expressément de travailler de toutes mes forces à l'établissement d'un monastère, me donnant l'assurance positive qu'il réussirait, et que la ferveur avec laquelle il y serait servi lui procurerait beaucoup de gloire ; il voulait qu'il lui fût dédié sous le nom de saint Joseph ; ce Saint veillerait à notre garde, à l'une des portes, et la très sainte Vierge, à l'autre, tandis que lui, JÉSUS-CHRIST, serait au milieu de nous. Cette maison serait une étoile qui jetterait une grande splendeur. Quoique les Ordres religieux n'eussent point leur ferveur première, je ne devais pas croire qu'il en tirât peu de gloire ni peu de service : et que deviendrait le monde, s'il n'y avait des Religieux ? Enfin il m'ordonnait de déclarer au P. Alvarez, mon confesseur, le commandement qu'il venait de me faire, et de lui dire de sa part de ne pas s'y opposer, et de ne pas m'en détourner. »

Il semblait que l'affaire dût aller d'elle-même. Notre-Seigneur donnait un ordre ; cet ordre mettait le comble aux vœux les plus ardents de Térèse : qui donc en pourrait entraver l'exécution ?

Qui donc ?... Eh ! mon Dieu, cet infatigable semeur d'ivraie, cet ange déchu que l'Ecriture appelle du nom si expressif de *Satan*, c'est-à-dire d'Adversaire !

Raconter ici, par le détail, ce qu'il ourdit de trames, ce qu'il inventa de couleurs, ce qu'il entreprit de manœuvres pour empêcher la réforme du Carmel, serait impossible. D'ailleurs, à quelques particularités près, c'est l'éternelle histoire des embûches qu'il dresse et des obstacles qu'il accumule sur la route de toute âme qui, de près ou de loin, veut sauver d'autres âmes.

Railleries amères, reproches sanglants, difficultés matérielles, persécutions de toute nature, il fit en sorte que rien ne manquât à sainte Térèse. Mais elle se rappelait la vision et les paroles du divin Maître ; elle s'humiliait sous la main de Celui qui, même en se servant de nous, a dessein de tout opérer lui-même et veut nous faire sentir son action ; et, marchant droit au but, malgré les oppositions des hommes, elle réussit à acquérir une maison placée « dans un site favorable, mais fort petite, » destinée à la fondation prochaine.

Jésus avait dit à Térèse : « Entre *comme tu pourras ;* tu verras ensuite ce que ferai ! »

« Entrer » en effet, et entrer cinq dans un bâtiment aussi exigu n'était

point chose aisée. Mais Térèse ne s'ar-
rêtait pas pour si peu.

Elle songeait donc à prendre possession immédiate de l'édifice, avec les
Religieuses qui voulaient l'y suivre,
quand le démon lui suscita des embar-
ras plus terribles que jamais.

C'est le Provincial des Carmes qui
oppose au projet de fondation un
refus énergique; c'est le confesseur de
la Sainte qui, de son côté, lui ordonne
de ne plus s'en occuper; c'est enfin,
chez Térèse elle-même, le tourment
indescriptible de penser que « ses
visions étaient fausses, et son oraison
une chimère. »

Mais ne craignons rien pour elle:
Notre-Seigneur n'est pas loin, pendant
toutes ces luttes, et Il va bientôt la ré-
conforter.

« Garde maintenant le silence sur
cette affaire, » lui dit-Il un jour à la
méditation, jusqu'à ce qu'il soit temps
de la reprendre. »

Et Térèse, toujours aveuglément

obéissante, fait taire aussitôt toute préoccupation relative à la réforme du Carmel. Pendant six mois, sur l'ordre de ses supérieurs, elle séjourne à Tolède, près de la sœur du duc de Médina-Cœli. Et voici que ce temps, qui paraissait perdu, prépare au contraire l'entier succès de la cause. Lorsque Térèse rentre à Avila, toutes les difficultés semblent s'être évanouies. Les dépêches approbatives de la réforme sont arrivées de Rome : le Souverain Pontife, Pie IV, autorise, par un bref, la fondation ; l'évêque du lieu prend le monastère sous sa juridiction personnelle et soustrait ainsi les Religieuses à celle du Provincial qui était, comme on le sait, très opposé à l'entreprise ; bref, tout va tellement à point, que, le 24 août 1562, Térèse peut établir, à Avila, un « couvent de Religieuses du Mont-Carmel *suivant la ferveur primitive.* »

Le démon tenta un dernier assaut. Il s'y prit si bien pour ameuter contre la réforme le gouverneur de la ville et les habitants, que ceux-ci faillirent, un instant, détruire le nouveau monastère. On sépare en effet Térèse de ses Religieuses; on la conduit au couvent de l'Incarnation ; on la réprimande; on la soumet à la question ; en un mot, les choses traînent suffisamment en longueur pour que la fondation n'arrive à être définitivement reconnue que plusieurs mois après.

Mais, au milieu de mars 1563, l'insigne protecteur et patron du monastère, saint Joseph, ramène en triomphe au sein de ses filles spirituelles la Mère Térèse de Jésus (1). Elle obtient

(1) Dans l'audience qu'il accorda, en octobre 1878, aux pèlerins Espagnols, le Souverain Pontife Léon XIII a résumé admirablement les services rendus à l'Eglise par sainte Térèse : « Cette femme sublime, a-t-il dit, votre concitoyenne, surnommée avec raison le Séraphin du Carmel, douée d'une âme noble et généreuse, privilégiée d'une haute intelligence, sut concevoir, à la gloire de Dieu, les plus vastes desseins et les traduire en œuvres merveilleuses avec une fermeté et un courage invincibles, au milieu des plus graves difficultés et de la guerre la plus acharnée de ses ennemis. »

alors pleine liberté pour étendre la réforme aux couvents qui voudront s'y soumettre et pour fonder d'autres maisons.

Dieu sait si elle s'y voua avec toutes les ardeurs de son âme enthousiaste et intrépide, et si elle laissa *clabauder le mâtin à la porte*, comme s'exprime saint François de Sales en parlant du démon, chaque fois qu'il créa, dans la suite, quelques difficultés nouvelles !

Trente-deux monastères établis en vingt années, et établis sans ressources ou équivalemment, sont en effet un chiffre qui rend tout commentaire inutile : aussi n'insisté-je pas.

Mais ce que je dois mettre en lumière, c'est l'esprit dont Térèse était animée elle-même, dans ces fondations diverses, et le cachet de sainteté et de grandeur qu'elle imprima partout à son institution.

IV

CE QUE SAINTE TÉRÈSE DEMANDE DE SES RELIGIEUSES

ANS la lettre admirable qu'elle écrivait, de Burgos, le 30 mai 1582, quatre mois environ avant sa mort, à la Mère Anne de Jésus, prieure de Grenade, sainte Térèse résumait en quelques mots son suprême désir et ses derniers vœux. « Dieu, » disait-elle, « fasse à mes Carmélites déchaussées la grâce d'être humbles, obéissantes et

soumises. » Et, dans un autre endroit, elle fait entendre que « le bien de l'Ordre consiste, non pas en ce qu'il y ait beaucoup de monastères, mais en ce que les Carmélites qui les habitent soient des Saintes. »

Rapprochons de ce premier texte un autre fragment d'une lettre écrite au P. Gratien (1), vers 1576 : « Croyez, mon Père, ainsi que je le crois moi-même, que ce qu'*on* eut en vue en fondant ces monastères commence à s'accomplir : c'était qu'on y demandât sans cesse à Dieu de soutenir de sa main ceux qui défendent son honneur et s'immolent à son service. » Nous avons, comme en raccourci, dans ces trois déclarations, tout le *plan* de la réforme rêvée et accomplie par sainte Térèse.

Elle cherche en effet des âmes généreuses, pour aller à la sainteté par

(1) Le P. Gratien, directeur de sainte Térèse et l'un des plus fermes appuis de sa réforme, était, par bref papal, Visiteur apostolique de l'ordre.

la voie la plus rude : elle veut des victimes, pour en faire des Saintes. Sans doute, dit-elle, « de pauvres femmes ne sont capables de rien ; » mais, poursuit-elle avec raison, « quand ensuite je considère la perfection de nos Religieuses, quelque chose qu'elles obtiennent de Dieu, je ne m'en étonnais pas... Ce n'est pas une petite miséricorde de Dieu que les prières que tant de saintes âmes ne cessent de lui adresser pour les besoins de son Eglise. »

Ainsi, le but qu'elle poursuit au Carmel est nettement défini : supplier « pour les besoins de l'Eglise, » réparer et gémir pour ceux qui offensent Dieu et l'oublient, et, parmi vingt autres intentions diverses, s'intéresser avant tout aux âmes sacerdotales.

On comprend dès lors tout ce que sainte Térèse mit de discrétion dans le choix de celles qu'elle appelait, après Dieu, à coopérer à son œuvre, et tout ce qu'elle dépensa de zèle et de sagesse à les former aux importants devoirs de la vie religieuse ainsi entendue.

Sa prodigieuse expérience de la vie et du cœur humain se révèle à chaque pas dans les conseils qui vont suivre, tantôt par une observation qui ne paraît que naïve et qui est profonde; tantôt par un trait saisissant, à la façon des moralistes, lequel résume une théorie et en éclaire merveilleusement la doctrine; toujours avec une autorité qui s'impose, et avec cette fermeté tempérée de douceur qui emporte la conviction.

La première qualité que sainte Térèse demande à quiconque veut revêtir le saint habit du Carmel, c'est le bon sens.

Arrière donc aux têtes mal équilibrées ! On ne prétend à être Carmélite qu'autant qu'on est d'abord foncièrement raisonnable.

« N'en prenez absolument *aucune*, » écrit-elle un jour à la Prieure de Séville, Marie de Saint-Joseph, à propos de quelques jeunes filles qui postulaient leur admission, « n'en prenez absolument aucune, *si elles manquent de jugement.* »

Et ailleurs, soutenant la même thèse et appréciant, comme ils méritent de l'être, ce bon sens naturel et cette saine raison qui ne sont point encore si communs, elle s'écrie, transportée d'aise : « Je viens de recevoir de la sœur Saint-François, une lettre qui est *un petit chef-d'œuvre de bon sens.* »

Puis, sans changer la donnée, mais en la transportant dans une sphère d'idées supérieures, sainte Térèse réclame, chez ses novices, l'esprit d'oraison, qui n'est que le bon sens dans l'ordre spirituel. « Nous ne devons choisir, » dit-elle, « que *des personnes d'oraison* et jugées propres à notre genre de vie. »

Avec cette double clarté et cette double force, on peut marcher à grand pas dans la carrière. Il s'agit en effet d'expier, de s'immoler, et d'oublier assez le monde pour n'avoir plus d'échappée que du côté du ciel. Mais toutes ces dispositions se greffent aisément sur les dispositions premières. Aimer est facile à qui en a le désir; et, quand on aime, rien ne se simplifie comme la vie d'immolation. « Mon unique désir, » disait la Sainte aux Religieuses d'Avila, « est que nous servions toutes Notre-Seigneur avec suavité, et que le peu qu'exigent de nous notre règle et nos constitutions, nous le fassions par amour pour cet adorable Maître et par reconnaissance pour les grands bienfaits dont il nous a comblées. Je connais notre faiblesse et je sais qu'elle est grande; mais si nous n'atteignons pas par nos œuvres à ce que le Seigneur demande de nous, nous tâcherons de le faire par nos désirs; il est miséricordieux et il fera sûrement par sa grâce que nos actions répondent peu à peu à notre bonne volonté. »

Du reste, deux qualités, demandées encore par l'illustre fondatrice, aideront au perfectionnement de la volonté. C'est, avec une franchise d'enfant, une pieuse avidité d'être visitée par l'épreuve. Sainte Térèse exige une entière ouverture de cœur. Elle ne comprend pas que l'on cherche à se retrancher derrière des obscurités de langage ou des réticences calculées : les à peu près du style la révoltent. « La perfection religieuse, » dit-elle, « ne permet pas qu'on s'exprime autrement qu'avec franchise et clarté. » Et, dans un autre passage, s'adressant avec la sorte d'indignation particulière aux âmes droites, quand elles ont mis à nu quelque cauteleuse machination : « Mon Père, » écrit-elle à un religieux de Pastrana, « défaites-vous de cette soumission rusée qui affecte l'humilité pour parvenir à ses fins dans l'occasion ; *ne faites pas le béat, qui se scandalise de tout sans fondement :* si vous avez quelques représentations à faire au

P. Gratien, notre père commun, faites-les-lui avec franchise. »

Ainsi donc, pas de biais dans les rapports, mais toujours une ingénuité parfaite.

Et. quant au désir des épreuves, pas plus d'hésitation que pour la franchise. On n'endosse pas la bure du Carmel pour s'endormir sur un lit de roses, mais pour faire office de Cyrénéen et gravir constamment avec le Sauveur les pentes du Calvaire.

Sainte Térèse revient, à chaque instant, sur cette grave question. Sans cesse elle rappelle que « le dessein de Dieu est de tenir ses filles sous le pressoir ; » et, plaçant, comme d'ordinaire, le remède infaillible à côté des souffrances qui rebutent la nature, elle ajoute aussi sans cesse : « Dieu ne peut m'envoyer tant d'amertumes que je ne les accepte volontiers *pour l'amour de lui.* »

Nous étonnerons-nous, alors, qu'elle ne puisse « voir, sans gémir, les offenses qui se commettent contre le Seigneur?... Que le divin Maître, » ditelle, « y apporte remède et qu'il me préserve d'en jamais commettre aucune! Si je dois procurer la moindre gloire à mon Dieu, ma vie est peu de chose, et je voudrais en avoir plusieurs pour les lui sacrifier. » Serons-nous enfin surpris d'apprendre qu'aujourd'hui encore tels sont, dans tous les Carmels, les sentiments élevés des filles de sainte Térèse ?

Ah! c'est qu'au moment des fondations, la Sainte n'a fait appel qu'à des âmes capables de comprendre toute la grandeur de la mission à laquelle elle les conviait et susceptibles d'y correspondre. La réforme du Carmel est l'œuvre de Dieu assurément; mais il faut reconnaître aussi que Térèse en a été un instrument singulièrement habile : jamais, dans le choix et la formation des sujets, plus de diagnostic ne fut uni à plus de sainteté.

Et ce qu'elle a fait pour les simples

Religieuses, elle l'a répété encore, avec plus de sollicitude, avec les supérieures des monastères. Estimant que la piété, même la plus solide, ne saurait toujours suffire au gouvernement d'une maison, elle ne veut en charge que des « Religieuses d'une grande perfection et *d'une grande capacité.* » Elle demande de la vertu avant tout ; mais elle réclame aussi de l'intelligence, et pas médiocrement. Sans une « grande capacité, » en effet, rien n'est dangereux comme le gouvernement des hommes. On hésite, quand il conviendrait d'agir ; là où il faudrait quelques jours de réflexion, l'on tranche quelquefois précipitamment l'affaire. Puis on s'attarde ou se noie dans les menus détails. On prend l'accessoire pour le principal ; et, comme l'esprit manque de largeur et d'élan, on n'a ni sur les individus des idées complètes, ni sur les choses ces fortes vues générales, ces aperçus d'ensemble qui sont si utiles quand il s'agit de commander.

Térèse veut dont qu'une supérieure sache à la fois prier, penser et agir. « Ne croyez pas, écrivait-elle un jour, que l'art de bien gouverner consiste à gémir perpétuellement de ses misères. »

Il faut voir d'ailleurs à quel degré de détachement et de perfection elle invite ses supérieures de monastères à s'élever. Elle en a fait maintes fois confidence, mais jamais avec autant de force que dans une lettre à la Mère Anne de Jésus. Un événement, insignifiant en apparence, s'était produit au Carmel de Grenade. Anne de Jésus qui était, comme la fondatrice, une véritable enchanteresse, y était devenue, de la part de ses filles, l'objet d'une sorte d'adoration.

Térèse s'émut de la nouveauté. Et sans retard, avec tout l'ascendant de sa situation : « C'est chose grandement en dehors de l'esprit des Carmélites déchaussées, » lui écrit-elle, « qu'un attachement, de quelque genre qu'il soit, quand même ce serait pour leur Prieure : jamais de telles Religieuses n'avanceront dans les voies de l'esprit. *Dieu veut des épouses libres et attachées à lui seul...* O véritable esprit d'obéissance, tu ne vois pas plus tôt une personne à la place de Dieu, que tu n'éprouves aucune répugnance à l'aimer! Au nom de ce Dieu, je vous prie, ma Mère, de considérer que vous élevez des âmes pour être les épouses du Crucifié. Crucifiez-les donc pour qu'elles n'aient pas d'attachements et qu'elles ne descendent pas à des enfantillages. »

Sous l'œil vigilant de Térèse, les abus et les imperfections ne pouvaient facilement s'introduire au Carmel. Tout concourait au contraire à faire de ces asiles du sacrifice et de la prière un séjour de délices. Aussi, la Sainte n'hésitait-elle pas à dire : « Si, dans nos monastères, il n'y avait pas quelque chose à souffrir par le manque de santé ou par les maladies, ce serait un ciel sur la terre ! »

Oui, un vrai ciel, car on y pratique jusqu'à l'héroïsme toutes les vertus. Voyons comment sainte Térèse, après avoir choisi ses filles, les façonnait à cette discipline salutaire.

V

DU SOIN D'IMPLANTER
DANS L'AME DES CARMÉLITES L'ESPRIT
D'OBÉISSANCE ET D'HUMILITÉ

OUR diriger ses filles dans les voies de la perfection, sainte Térèse n'avait qu'à leur rappeler ce qu'elle avait accompli elle-même ; elle pouvait les entretenir d'abondance, car son expérience personnelle suffisait à tout. Humilité, charité, obéissance, rien ne lui était étranger ; elle connaissait par le détail la pratique des vertus et le

moyen de les implanter dans les âmes; et, avec sa science consommée, elle faisait observer que « la perfection consiste dans cette pratique, bien plus que dans la ferveur sensible. »

C'était parler d'or, Dieu donnant ou retirant à son gré « la ferveur sensible » et en tenant parfois peu de compte, tandis qu'il ne peut se désintéresser de nos vertus.

Mais, ces vertus, comment les acquérir ? Comment, surtout, en faire une *habitude* de l'âme ? Sainte Térèse va nous l'apprendre.

Commençons, disait-elle, par être humble. Avant toutes choses, l'humilité, c'est-à-dire la vérité sur Dieu et sur nous-même. Si haut nous trouvions-nous constitué en dignité, si distingué paraissions-nous par nos talents et qualités naturels, nous ne sommes, en définitive, qu'un misérable ver de terre qui devrait s'estimer heureux que Dieu daigne abaisser jusqu'à lui un regard de miséricorde.

Serviteur inutile : voilà notre rôle et notre nom véritables.

Aussi, sainte Térèse ne pouvait-elle supporter qu'on eût, à son endroit, des jugements trop flatteurs ni une appréciation trop élogieuse. Elle souffrait des pompeux qualificatifs dont quelques-uns de ses correspondants étaient prodigues dans leurs lettres. « Je vous supplie, pour l'amour de Jésus-Christ, » écrivait-elle à Don Teutonio, archevêque de Bragance, « de m'épargner le tourment de tous ces titres que vous me donnez. » Et, dans une lettre au P. de Grenade, à propos du même prélat : « Mgr Don Teutonio, » disait-elle, « est du nombre de ceux qui se font illusion sur mon compte. Comme il me marque qu'il vous aime beaucoup, vous devriez bien, par reconnaissance, l'avertir de n'être pas si crédule. »

Chatouilleuse à ce point pour elle-même, on pressent si, avec ses Religieuses, elle touchait aux moindres particularités de la matière.

Un jour, au monastère de Séville, dans cette maison modèle dont la Prieure était, comme nous le verrons bientôt, l'une des enfants les plus affectionnées de notre Sainte, on se prit d'un beau zèle pour étudier le latin. Cela semblait être la chose la plus naturelle du monde. L'office que l'on psalmodie au chœur est en latin ; les prières que l'on récite sont en latin ; les livres saints sont en latin ; tout est en latin dans le couvent ! Quoi d'étonnant qu'on s'avise de vouloir pénétrer le secret de tant de belles choses jusque-là inconnues ?...

On voulut toutefois avoir l'avis de sainte Térèse. Mais, en attendant, l'on mena bon train les déclinaisons et le reste ; et déjà le rudiment faisait merveille au monastère quand, un matin, éclata comme un coup de foudre la défense formelle de la fondatrice à la Prieure : « Dieu préserve toutes mes filles, » s'écriait-elle, « de vouloir être des *latinistes* ! Que cela ne vous ar-

rive plus, je vous prie, et ne le per-
mettez à personne. J'aime beaucoup
mieux que mes filles se piquent de
simplicité, comme il convient à des
Saintes, que de vouloir passer pour
des rhétoriciennes. »

Le temps, en effet, devait être con-
sacré à d'autres soins. Il importe plus
de s'instruire de son néant, que de
comprendre un texte et de savoir l'ad-
mirer. La première opération est de
toutes les heures ; il y faut une attention, une vigilance et je ne sais quoi
de constant qui ne se démentent jamais : la seconde, essentiellement
passagère, n'a trait qu'incidemment
au bien général.

L'ennemi rôdant toujours aux
portes, convient-il en effet d'oublier un
instant notre impuissance, ou de nous
distraire de l'unique objet qui nous
doit occuper ?... Dieu alors, remarque
sainte Térèse, a d'infaillibles moyens
pour nous rappeler notre faiblesse.
« Dieu permet souvent, » dit-elle, que

nous tombions, afin que l'âme en devienne plus humble. Mais, » continue-t-elle, « quand nous nous relevons avec des intentions droites et la conviction de notre propre impuissance, nous tirons de notre chute de nouvelles forces pour avancer dans les voies du Seigneur, comme il est arrivé à plusieurs Saints. »

Que si, malgré notre désir d'avoir l'humilité et de pratiquer avec persévérance cette vertu si rare, il survient encore quelque accident, sainte Térèse voit là une raison nouvelle de la solliciter avec plus d'instances, afin d'assurer au moins l'avenir. « Le démon, » observe-t-elle, « fait souvent servir les meilleures intentions à ses vues. C'est pourquoi nous devons toujours marcher avec crainte, mettre toute notre confiance dans le Seigneur et nous défier de nos propres lumières; autrement, et quelque bonnes que soient nos intentions, Dieu permettra que nous nous égarions. »

Voilà en quels termes Térèse parlait à ses filles du Dieu qui résiste aux superbes, mais qui donne aux humbles sa grâce. Humble et Carmélite lui semblaient termes synonymes. Puis, les fondations de l'édifice spirituel une fois établies solidement, elle venait, sans tarder, à la force vive de l'individu, à la volonté. Une complète abnégation du *moi* jointe à un sentiment profond de sa misère, tel était, selon elle, le programme à réaliser.

Non pas qu'elle prétendît détruire la volonté. Elle la voulait au contraire pleinement épanouie, conservant toute sa vigueur native, et « en bon état. » Cela est nécessaire, pensait-elle, pour garder l'équilibre, dans les occurrences diverses où l'on peut se trouver, pour tenir tête à la bonne comme à la mauvaise fortune, et pour n'être pas moins maître de soi dans les sécheresses que dans les moments de ferveur ; car, disait notre Sainte, « de même qu'il y a dans ce monde des temps différents, il y en a aussi dans le monde intérieur, et il est impossible qu'il en soit autrement. » Mais elle voulait surtout la volonté docile, et susceptible de direction. Et pour cela elle demandait une volonté soumise à Dieu et ne se lassait pas de prêcher l'obéissance.

La soumission à Dieu décuple nos efforts. « Ce qui donne du prix à notre volonté, » répétait-elle, « c'est de l'unir à celle de Dieu, de manière à ce qu'elle ne veuille autre chose que ce que veut sa divine majesté : c'est un paradis commencé que de posséder cette charité dans sa perfection ; » — et l'obéissance, qui n'est qu'une autre forme de la soumission à Dieu, achève de procurer à l'âme la tranquillité et la paix. Quoi de plus doux, en effet, que d'abandonner à autrui le soin de sa propre gouverne et de se résoudre à remplir en aveugle des ordres qui, s'ils ne sont pas toujours agréables, sont toujours la manifestation de la divine volonté ?

Ecoutons sainte Térèse sur ce point capital. « L'obéissance, » dit-elle quelque part, « peut tout sur moi. » Ailleurs, elle écrit à Vélasquez : « Je regarde comme une des plus grandes grâces que le Seigneur m'ait faites, celle de m'avoir donné le goût de l'obéissance. » Et, pour en venir à ses recommandations aux Religieuses : « Ce m'est chose indifférente, » dit-elle, « qu'on fasse ou qu'on ne fasse pas cas de moi, pourvu qu'on ne manque pas à son devoir. » Bien plus, Térèse va jusqu'à préférer, dans une âme, l'obsession du démon à la désobéissance. « A dire vrai, » écrit-elle, « j'aimerais mieux voir mes filles dans un état pire que celui où cette sœur (une obsédée) a été, que de les voir désobéissantes. »

Notre Sainte a raison. L'obéissance met l'âme au large et l'inonde de cette paix suave dont l'Ecriture dit qu'elle surpasse tout sentiment. Or, poursuit Térèse, « c'est quelque chose de bien précieux que le contentement de l'âme, quelque chose de si précieux qu'elle « ne craint rien tant que de voir perdre à ses filles cette grande joie de l'âme dans laquelle Notre-Seigneur les a maintenues, » et qu'elle supplie le Maître de leur faire ignorer toujours le mécontentement et l'inquiétude. « Je sais, » dit-elle avec une éloquente concision, « je sais ce que c'est qu'une Religieuse mécontente ; » et plus loin : « Avec l'inquiétude, on ne peut servir Dieu. »

Mais, supposez dans une âme l'esprit d'obéissance joint à l'humilité, il reste bien peu à faire pour atteindre les premiers degrés de la perfection.

Peut-être, probablement même, aurez-vous à vous vaincre encore pour plier votre humeur à l'humeur de ceux qui vous entourent ; mais vous verrez là une nouvelle occasion de mérite, et la pratique de la charité, parfois si difficile à acquérir, mais si importante, vous semblera un jeu. Térèse regardait le Carmel comme une famille où, pour plaire à Jésus, chacun s'étudie à supporter ses voisins et à se rendre supportable. Elle avouait que « ce n'est pas peu de chose de prendre et de supporter chacun avec ses défauts ; » mais elle y inclinait les volontés de tout son pouvoir. Elle savait que l'entente fraternelle est un gage assuré de la paix ; et, la paix, elle la prêchait avec insistance.

Enfin, pour que rien ne manquât à cette paix indicible, elle engageait ses filles à s'abandonner aux mains de la Providence comme on voit le petit enfant s'oublier aux bras de sa nourrice.

Elle voulait, en toute occurrence et quelque événement qui arrivât, qu'on reconnût le doigt de Dieu et qu'on demeurât calme. « Nous ferions bien mieux, » disait-elle, « de ne désirer ni repos ni chose quelconque d'ici-bas, et de remettre entre les mains de Dieu toutes les affaires qui nous touchent ; ne sait-il pas mieux que nous ce qui nous est avantageux ? » Le pli en fut si bien pris au Carmel que sainte Térèse pouvait dire avec vérité, vers la fin de sa vie : « *Nous* sommes accoutumées à *nous reposer de tout* sur les soins de la Providence. »

Humilité, obéissance, support mutuel, abandon, tout allait donc à souhait dans les maisons bénies de la réforme. Voilà l'effet. Où est la cause ?

S'il est vrai qu'il faut un aliment à toute flamme, qui donc avivait ainsi le feu sacré au Carmel ? Deux détails, tenus jusqu'ici en réserve, vont nous donner le mot de l'énigme. Sainte Térèse pourvut à tout et put faire de pareils miracles, parce qu'elle eut elle-même et qu'elle propagea toute sa vie un grand amour de l'oraison et un culte passionné pour la sainte Eucharistie : là fut le secret de sa direction incomparable.

VI

L'EXERCICE DE L'ORAISON

'ORAISON mentale compte, au Carmel, comme l'un des exercices fondamentaux de la vie quotidienne. Actuellement encore, toutes les douze heures environ, c'est-à-dire deux fois chaque jour, les filles de sainte Térèse se livrent à cette salutaire élévation de notre esprit et de notre cœur, où, rendant nos devoirs à Dieu, nous lui exposons nos besoins et lui demandons

son secours, afin d'en devenir meilleurs pour sa gloire.

C'est que la pieuse Réformatrice avait, pendant sa vie, donné aux Carmélites quelque chose de plus efficace en ce point que des conseils ou des prescriptions ; pour les façonner elle-même à cette forte discipline, elle avait prêché d'exemple.

A ses yeux, l'oraison est la base nécessaire de l'édifice spirituel. « Mon Père, » écrivait-elle, vers 1581, à don Alphonse Vélasquez, en le félicitant de son humilité, de sa charité et de son zèle infatigable pour le salut des âmes, « laissez-moi vous dire qu'*on* (1) m'a fait connaître que le principal vous manquait, c'est-à-dire le fondement de toutes les vertus, et vous savez qu'où manque le fondement, l'édifice est bientôt renversé. Or, ce principal qui vous manque, c'est l'*oraison*, avec la lampe allumée, qui

(1) Notre-Seigneur, dans une des extases si fréquentes de la Sainte.

est la lumière de la foi; c'est *la persé-vérance dans l'oraison*, avec la force nécessaire pour rompre et briser tout ce qui s'oppose à l'union de l'âme, qui n'est autre chose que l'onction du Saint-Esprit, par le défaut de laquelle l'âme n'éprouve que sécheresse et dissipation. »

On juge par là des soins que Térèse dut mettre à bien établir dans ses Religieuses l'amour de la sainte oraison et à leur en expliquer la pratique. Car, je l'ai dit plus haut, elle avait *vécu* les moindres détails de son enseignement, et, de même qu'elle avait été souvent ravie et comme transportée au ciel, de même elle avait eu à souffrir des aridités inouïes. Elle était donc vraiment docte en la matière et admirablement préparée à expliquer la théorie et la pratique du sujet.

Ce qu'elle recommande d'abord, quand une fois on est entré dans la pratique de l'oraison mentale, c'est de s'y tenir fidèlement. Viennent les moments de tristesse où l'âme est mal à l'aise et se sent défaillir; arrivent les découragements et autres délabrements intérieurs — je ne dis pas encore les sécheresses; la Sainte a prévu le cas et le résoudra —, n'importe: il faut continuer ses exercices avec une « persévérance » inébranlable et laisser la crise passer. Tel est du moins le sens qui ressort d'une réponse de Térèse à Don Teutonio de Bragance, lorsqu'il était encore simple étudiant à l'Université de Salamanque. « Quand vous avez, » lui écrit-elle, « la tentation d'abandonner l'oraison et que vous sentez l'étreinte de la mélancolie, tâchez de choisir quelque endroit d'où l'on découvre le ciel et de poursuivre néanmoins votre méditation, tout en vous promenant: l'oraison ne discontinue pas pour cela. Il faut traiter notre faiblesse de telle sorte que la nature ne se décourage pas. Tout cela, c'est chercher Dieu, puisque c'est par amour pour lui que nous cherchons les moyens de rester en sa présence : il est nécessaire, dans son service, de conduire l'âme avec douceur. »

De là, un second point de doctrine non moins utile à préciser. On s'embarrasse en effet souvent, dans l'oraison, pour n'avoir pas procédé avec assez de calme, et l'on s'imagine volontiers que l'exercice est d'autant meilleur qu'on y a plus discouru. Mais il n'en va pas tout à fait ainsi, au témoignage de sainte Térèse. « Dieu, » observe-t-elle dans sa *Vie écrite par elle-même*, « ne prend pas garde aux paroles, mais considère seulement les désirs et l'amour qui les dictent. » D'accord en cela avec saint Augustin, elle estime, comme le fait observer ce grand docteur à propos de Tobie, que Dieu entend plus vite nos larmes que nos prières, *fletus citius audit quam voces*. Or, si Dieu « considère seulement les désirs et l'amour, » qu'im- porte que nous discourions ou que nous gardions le silence, pourvu que nous sentions, dans le fond de l'être, se produire les bons désirs et s'enflammer la charité ?... D'ailleurs, disait la Sainte aux Religieuses d'Avila : « Ne vous fatiguez pas en voulant discourir beaucoup dans la méditation, et n'ayez point d'inquiétude de ne pouvoir le faire. S'il vous en souvient, je vous ai dit que c'était une plus grande grâce d'y employer tout le temps à donner des louanges à Notre-Seigneur, et que souhaiter ardemment de le voir loué de toutes les créatures était une forte preuve que l'âme est occupée de son Dieu. »

La durée de l'oraison est encore, pour quelques âmes, un sujet de perplexités. Tout le monde comprend qu'il faut y consacrer un temps raisonnable. Mais encore, arrive-t-il parfois que des devoirs impérieux, en nous y arrachant, nous dérobent une partie de ce temps que nous voudrions réserver à la méditation. Alors, on se trouble, et, pour un peu, on laisserait là tous les devoirs extérieurs afin de rester sans partage à Jésus. Ce n'est pas l'avis de sainte Térèse.

Son frère, Laurent de Cépéda, très absorbé par la gestion d'affaires matérielles, lui ayant avoué ses inquiétudes à cet égard : « N'allez pas vous imaginer, » lui répond-elle aussitôt, « que si vous aviez plus de temps à vous, vous feriez plus d'oraison. Désabusez-vous de cette idée. Un temps aussi bien employé que celui qu'on passe à prendre soin du bien de ses enfants ne nuit jamais à l'oraison. Souvent Dieu donne, dans un moment d'oraison, plus de grâces qu'il n'en accorde dans une oraison de longue durée : *ses œuvres ne se mesurent pas sur le temps.* »

Voilà une réponse admirable terminée par une parole plus admirable encore. Les œuvres de Dieu en effet sont indépendantes du temps et de l'espace. Dieu agit quand et comme il lui plaît : c'est à l'homme d'attendre son bon plaisir.

Aussi, point d'impatience, point de récriminations surtout s'il plaît au divin Maître de ne pas accorder à notre âme, dès le principe, les suavités et les transports dont il aime parfois à combler ses Saints. Térèse, la séraphique Térèse elle-même, connut longtemps les moments d'angoisse. « Pendant vingt-deux ans, » dit-elle, — vingt-deux ans !... — « j'ai vécu dans de grandes sécheresses. » Mais elle sut attendre l'instant de Dieu. Convaincue que Notre-Seigneur trouvait également sa gloire à la contrister ou à la réjouir, elle le laissa faire à sa guise, et il ne lui « vint pas même à la pensée de désirer rien de plus. »

Un jour, cependant, sonna l'heure de la délivrance. Oh ! ce furent alors des ravissements indicibles, des joies divines dont une seule minute suffirait à contre-balancer et à faire oublier des siècles de tourments. « Dans le transport de l'oraison, » dit sainte Térèse, « l'âme n'aspire plus qu'à son Créateur ; mais elle voit en même temps qu'il lui est impossible de le posséder si elle ne meurt : et comme il ne lui est pas permis de se donner la mort, *elle meurt du désir de mourir...* Mais il y a un transport ordinaire, moins impétueux : c'est ce même désir de voir Dieu, accompagné d'une grande tendresse d'amour et de douces larmes qui appellent la fin de cet exil. »

Jésus fut prodigue de ces sortes de consolations avec Térèse. Les extases étaient même si fréquentes ; elles arrivaient si facilement, en public et ailleurs, que la Sainte, dans son humilité profonde, s'en trouvait toute mortifiée. C'est ce qu'elle exprime dans une lettre à son frère, où sont également marquées les successions de joie et de peine spirituelles auxquelles la volonté d'en haut l'avait assujettie. « Les ravissements m'ont reprise, ce qui n'a pas laissé de me mortifier, parce que cela m'est arrivé quelquefois en public et même à matines. Ils me prennent de telle façon qu'il n'est en mon pouvoir ni de résister, ni de dissimuler. Aussi, je demeure après si honteuse, que je voudrais aller me cacher je ne sais où. Je demande instamment à Dieu de ne pas m'accorder cette faveur en public ; demandez-le-lui aussi pour moi... Auparavant, j'avais été près de huit jours dans une si grande sécheresse, que très souvent j'étais incapable d'avoir même une bonne pensée, et je vous dirai que d'une certaine façon j'en étais charmée. En voici la raison : c'est que je m'étais trouvée précédemment dans le même état où je suis à présent et que ce changement me faisait connaître clairement le peu que nous pouvons par nous-même. Béni soit Celui qui peut tout ! »

Ainsi finissent, avec quelques variantes sans portée, un grand nombre de lettres. Ainsi devait finir l'oraison, dans la pensée de Térèse. Que Jésus y fasse sentir à l'âme son action, ou qu'il feigne de ne point même prendre garde à elle, béni soit-il toujours. A ce propos, la Sainte racontait à une novice du monastère de Soria, Eléonore de la Miséricorde, les reproches que la Mère Diaz, religieuse qu'elle avait connue à Avila, s'était permis d'adresser à Notre-Seigneur. Cette vénérable Mère, après avoir absolument tout donné à Jésus, s'était senti incontinent de très vives peines intérieures et de très grandes sécheresses. « Elle s'en plaignait tout de bon à Notre-Seigneur, » rapporte Térèse, « et lui disait : Vraiment, Seigneur, c'est une charmante manière d'agir : après m'avoir tout enlevé, vous vous en allez vous-même! » Puis elle ajoutait, pour l'instruction d'Eléonore : « Ainsi, ma fille, mettez-vous dans l'esprit que le divin Maître est de ceux qui payent les grands services rendus, par des souffrances et des peines ; et c'est bien là le meilleur payement qu'on puisse recevoir, puisqu'on acquiert par là l'amour de Dieu ! Laissez-le agir en maître dans votre âme ; mettez votre gloire à porter la croix du Sauveur ; ne faites aucun cas des douceurs et des consolations. Il n'appartient qu'aux simples soldats de vouloir être payés par jour ; *servez gratuitement, comme les grands seigneurs servent le roi*, et que celui du Ciel soit toujours avec vous. »

Quand on est dans de semblables dispositions, il est clair que la pratique de l'oraison a produit ses effets. Térèse les a marqués de manière à ne pas s'y méprendre. Il fallait certes qu'elle précisât aussi la nature des fruits, ayant insisté sur les soins à donner à la culture de l'arbre. Or, ces fruits, ces doux fruits, c'est, avec l'avancement dans la vertu, une soumission aveugle à la volonté de Dieu. « Je crois », assure-t-elle, « que *cette soumission est le plus grand bien* que l'oraison puisse produire. »

Et, dans une autre lettre : « L'oraison la mieux faite, » dit-elle, « et la plus agréable à Dieu est celle qui laisse après elle de meilleurs effets. J'appelle de *bons effets ceux qui s'annoncent par les œuvres*, de sorte que l'âme fasse connaître le désir qu'elle a de la gloire de Dieu par son attention à ne travailler que pour lui, à n'occuper sa mémoire et son entendement que de choses qui lui soient agréables et à lui marquer de plus en plus l'amour qu'elle lui porte. *Pour moi, je ne désirerais point d'autre oraison que celle qui me ferait croître en vertu.* Quand elle serait accompagnée de grandes tentations, de sécheresse et de tribulation, je la regarderais comme la meilleure, parce qu'elle me rendrait plus humble et par conséquent plus agréable à Dieu. »

Le renoncement à la volonté propre, l'abandon absolu entre les mains de la Providence, le désir de ne chercher et de ne trouver que Dieu, tels sont donc les fruits de l'oraison. Sainte Térèse, qui possédait au suprême degré le don de convaincre, ne pouvait qu'emporter l'assentiment de ses filles et les faire avancer à grands pas dans les voies spirituelles. Mais j'ai remarqué qu'à ce premier moyen de perfection elle en ajoutait un autre, peut-être plus efficace encore : je l'ai nommé son culte *passionné* pour la sainte Eucharistie. C'est sur ce thème divin que le cœur de notre Sainte va pleinement se donner carrière.

VII

LE CULTE DE LA SAINTE EUCHARISTIE

ES lettres de sainte Térèse ont cela de commun avec l'Evangile de saint Jean et les Épîtres de saint Paul que le nom du Seigneur Jésus y revient à chaque ligne. Après le Disciple de la dilection et comme le grand Apôtre, notre Sainte laisse constamment tomber de sa plume le nom de Celui qu'elle aime, justifiant ainsi les comparaisons de saint Bernard qui

trouve, dans ce nom sacré, une mélodie pour l'oreille, un miel pour la bouche et une délectation pour le cœur. Elle parle de « son Jésus » à la façon dont nous parlons de nos proches et de nos amis les plus tendres, ou, plus exactement encore, à la façon dont nous parlerions d'un joyau précieux qui aurait pour nous une valeur immense et dont nous revendiquerions la possession exclusive. Jésus est roi au Carmel : on ne s'y aborde ni ne s'y quitte sans Le nommer et Le bénir ; et si quelque peine insolite ou quelque joie inattendue vient à se produire dans le monastère, c'est à Jésus qu'on se hâte d'offrir la première comme de faire partager la seconde : Jésus toujours et Jésus partout.

Cette pensée admirable de la charité, *caritas*, entendue au sens le meilleur et le plus large de ce beau mot, fut, entre les mains de Térèse, un levier puissant pour opérer les merveilles de sa réforme. Tous les sacrifices, toutes les immolations, tout ce qui fait avancer dans la voie, douloureuse mais royale, du Calvaire, elle l'obtint et le rendit enviable en le demandant au nom de Jésus.

Aussi bien, là, comme toujours, elle fut l'initiatrice : « Que j'offre de bon cœur à cet adorable Maître, » écrit-elle à une de ses filles, « la peine d'être éloignée de vous ! » A une autre elle fait cette recommandation : « Préparez-vous à donner beaucoup à Notre-Seigneur. » Elle rappelle à une troisième que le joug, quoique doux et léger en principe, ne laisse pas cependant quelquefois de paraître peser un peu plus lourdement : « J'admire, » dit-elle, « comment Notre-Seigneur entremêle aux contentements les peines : c'est là le vrai et droit chemin de sa sagesse. » Puis, pour entrer dans le vif de sa doctrine : « Jésus, » observe-t-elle, « veut toujours que nous voyions que c'est Lui qui fait ce qui nous convient ; » ou, allant plus loin encore, elle souligne le sublime enseignement de la parole que Notre-Seigneur lui murmurait un jour : « Cherche-toi en moi, » sauf à ajouter que, pour arriver au plein amour, l'âme doit tendre à l'imitation parfaite du Sauveur, et y tendre par le désir de partager sa croix et ses souffrances : « Jamais, » dit-elle aux Carmélites de Séville, jamais vous n'eûtes plus de reconnaissance à témoigner à Notre-Seigneur Jésus que dans les persécutions présentes ; car ce divin Maître vous fait la grâce insigne de pouvoir goûter quelque chose de sa croix et du grand abandon où il s'y vit. »

Mais ce que je voudrais montrer avec une particulière insistance, c'est l'amour de Térèse pour le Maître, en tant que prisonnier au saint Tabernacle.

Il est, sur la terre bénie du Carmel, un site de choix, un lieu de prédilection où les âmes, quelque heureuses qu'elles se trouvent dans la silencieuse retraite de leur cellule, s'estiment plus heureuses encore et établiraient volontiers une demeure permanente : c'est la chapelle. Là, comme au Thabor, il fait bon ; et la raison qui les porterait à y dresser leur tente, c'est encore, comme au Thabor, que Jésus est là.

Jésus est là !... Nous le savons, sans doute, nous autres, profanes ; mais ne semble-t-il pas, à voir notre conduite, que nous l'avons oublié ? Dire que Jésus est notre hôte, qu'Il daigne résider sous notre toit, qu'Il nous attend pour nous faire du bien, qu'Il a soif de nos visites ; et penser que nous Le laissons solitaire : quelle insouciance, pour ne pas dire quelle ingratitude !

Mais si les choses vont de la sorte dans le monde, on n'oublie pas, au Carmel, que Jésus est là ; car, au Carmel, on a du cœur.

Et qu'est-ce, en effet, que vouloir visiter le Saint-Sacrement et que se sentir, de près comme de loin, rivé au Tabernacle, sinon une question de cœur ?... N'éprouvez-vous donc pas chaque jour le besoin d'appuyer votre tête sur une épaule amie, d'épancher dans un cœur généreux le trop plein du vôtre, de fortifier votre âme au contact de celui qu'Isaïe appelle *le Fort*, et, en supposant même que vous soyez dans l'aridité et que vous ne trouviez rien à Lui dire, de venir, comme Madeleine, vous asseoir en silence à ses pieds, ne fût-ce que pour Le remercier de ce qu'Il est là ?...

Ah ! je prétends, moi, que si vous avez du cœur, gros seulement comme un grain de sénevé, vous ne pourrez pas passer devant une église, ni même simplement en approcher, sans qu'il se produise dans votre intérieur, là, dans la région que j'indique, un tressaillement significatif, une sorte de courant sympathique entre votre âme et le Dieu de l'Eucharistie.

On aime ou l'on n'aime pas. Mais

quand on aime Dieu, je ne comprends pas l'amour par fraction ; je ne le comprends qu'entier et sans limites.

C'était la théorie de sainte Térèse, théorie lumineuse qui fatiguera peut-être les yeux habitués aux demi-clartés, mais qui agrée souverainement à qui affectionne la pleine lumière.

Partant de cette parole : « Mes délices sont d'être avec les enfants des hommes, » et montrant que « les âmes priveraient Jésus de ses délices, si elles s'éloignaient de Lui, » Térèse enseigne à ses filles que la place la plus digne d'être ambitionnée sur la terre est au pied du saint autel. Toutes les comparaisons que fournit l'Ecriture à ce propos, tous les noms que Notre-Seigneur donne à l'âme fidèle et s'en laisse donner, notre Sainte les redit ou les commente. Elle prêche « l'amour suave, » lequel est fait d'humilité et d'abandon ; elle met en garde, dans l'amour de Dieu, contre « l'impétueuse violence ; » mais, de façon ou d'autre, elle arrive à tout résumer dans l'amour et à s'écrier, après saint Augustin : *Ama et fac quod vis.* Aimez et faites ce que vous voudrez !

C'est qu'*aimer*, dans la bouche de sainte Térèse est synonyme de « faire tout par Jésus et pour Lui. »

Et pour citer encore cette femme extraordinaire, aimer, c'est « *être bien avec Jésus !* » — « Etre bien avec Jésus, » quel mot profond et dont l'énergie se sent plus qu'elle ne s'exprime !… Quoi qu'il en soit, elle avait une manière à elle d'inculquer cet amour aux âmes et de les y tenir. Entendez-la disant au P. Gratien : « Je comprends que vous devez *être très bien* avec Notre-Seigneur; » ou voyez encore, dans une lettre à son frère Laurent de Cépéda, cette exclamation caractéristique : « Nous avons enfin le bonheur d'*être* tous *bien* avec Jésus ! » et vous imaginerez ce que dut être sa passion pour le Prisonnier d'amour.

Que si, d'ailleurs, vous voulez vous édifier plus entièrement sur le sujet, ouvrez sa *Vie écrite par elle-même*, et vous lirez là des choses surprenantes.

Mais je n'ai à traiter ici que des *Lettres*. Eh bien ! je ne crains pas de dire que s'il y a, dans cette correspondance, tant de charme, tant d'onction et tant d'éloquence, c'est qu'on y trouve constamment la pensée de Jésus, et que le Dieu eucharistique domine toute la matière et lui infuse la vie.

VIII

L'APOSTOLAT

 'AMOUR divin ne va jamais seul : par une loi du cœur autant peut-être que par un précepte d'en haut, qui aime Dieu aime aussi ses semblables. C'est qu'on n'élargit point impunément le cœur. Quand on en a développé toutes les puissances affectives et qu'on y a mis Dieu, la place y est immense et l'univers peut y entrer. Cela suffirait presque à expliquer

pourquoi la plupart des Saints furent apôtres : l'amour de Dieu engendrait chez eux la passion des âmes.

Chez sainte Térèse, les deux amours n'en firent qu'un. Mais, dans son avidité d'opérer le bien sur son passage, elle crut que l'infaillible moyen d'y réussir était d'agir avec le cœur. Là où d'autres dépensent leur esprit, emploient la force, ou alignent d'ingénieux petits calculs, elle procéda surtout avec tendresse. Elle se dit que les armes de l'affection sont de celles qui triomphent tôt ou tard : et, partant de Dieu pour revenir à lui et lui amener, pieds et poings liés, toutes les âmes dont elle ferait la conquête, elle laissa dire le monde, c'est-à-dire les méchants, les jaloux et les sots, et marcha droit son chemin.

C'était parfaitement avisé. Qu'importent, en effet, à qui veut le bien et s'y prodigue, les commérages de la foule et les coups d'épingle des railleurs ? Fit-on donc jamais impunément le bien en ce monde ? Est-ce que notre sublime bienfaiteur, le Seigneur Jésus ne fut pas bafoué dans ses intentions comme dans ses actes ; et les disciples seraient-il par hasard plus que le Maître à l'abri des attaques du dehors?

Sainte Térèse le savait et elle passa outre. N'attendant aucune récompense des hommes et faisant peu de cas de leurs suffrages, elle laissa clabauder dans l'ombre tous ceux qu'irrite, sous quelque forme qu'il se produise, le bien accompli ; et, forte de sa conscience, elle entreprit, pour le faire, ce que je n'hésite pas à nommer la croisade de l'amitié.

Des amis, elle en eut à foison, dans le cloître, dans le monde, chez les grands et jusque sur le trône. Mais elle y prit peine, car elle eut, pour les cultiver, des soins infinis. Malgré des occupations absorbantes et une santé fort éprouvée, elle entretenait une correspondance vraiment volumineuse. « Je suis si accablée d'affaires, » dit-elle quelque part, « que la tête m'en tourne. » Mais la chose lui semblait de telle importance, qu'elle ne craignait pas, de temps à autre, quand il le fallait, de modifier même, pour y suffire, son règlement de vie. Témoin ce fragment d'une lettre adressée à Laurent de Cépéda, son frère : « Ce serait une bien sensible consolation pour moi de pouvoir vous écrire plus souvent ; mais mes occupations sont si grandes que cela m'est impossible. Je vous dirai même que, pour vous écrire cette lettre, *je n'ai pu vaquer ce soir à l'oraison. Je n'en ai nul scrupule.* Mais, franchement, j'ai grand regret de n'avoir pas plus de temps que j'en ai. Que Dieu nous en donne davantage, à vous et à moi, pour l'employer toujours à son service ! »

Ainsi elle voulait et savait faire le bien à tout prix. C'est, du reste, le rêve et le talent des belles âmes. Or, ces âmes abondent dans le catholicisme, avant sainte Térèse et depuis. Quand le calme — et il se fait ordinairement bien vite auprès d'une tombe — a fini par se faire autour du grand Religieux dont la parole ardente avait enthousiasmé toute une génération, et, plus récemment encore, autour du grand Evêque que Pie IX baptisait du nom de « soldat de Dieu, » l'on a reconnu que, chez ces athlètes infatigables, chez ces orateurs véhéments, chez ces admirables écrivains, il y a quelque chose de plus puissant que leur force, de plus éloquent que leur parole, de plus durable que leurs écrits, c'est leur douceur, et que la plus éclatante peutêtre des auréoles dont leur front se trouve environné est l'auréole de père et de directeur des âmes. Quel bien les Lacordaire, les Dupanloup firent aux âmes, dans les lettres brûlantes où ils se donnaient sans compter et où chaque coup marquait une victoire, Dieu seul le sait, et, avec Dieu, les âmes nombreuses qui eurent le bonheur de cette bienfaisante communication !

Eh bien ! c'est à un ministère très analogue que se dépensa la vie de sainte Térèse. On ne citerait peut-être pas dix de ses lettres qui ne soient, de près ou de loin, des lettres de direction. Mais ce sont, encore un coup, des lettres de direction par l'amitié. Elle vient à vous avec son cœur et ne suppose pas qu'on puisse s'y prendre autrement. « J'aime, dit-elle, que les personnes avec qui je traite de ce qui regarde ma conscience ou à qui je crois pouvoir être utile aient beaucoup d'affection pour moi, ceux-là afin qu'ils me souffrent, et ceux-ci, afin qu'ils se laissent persuader de ce que je leur dis du néant et de la vanité du monde. »

Ne lui objectez pas que ses moments sont précieux, qu'elle se doit à ses monastères, que ses forces ont besoin de ménagement, car elle vous prouvera, comme toute personne laborieuse, qu'elle a du temps pour chaque chose, et que, en fait de santé, le plus bel avantage de la santé est « de la perdre pour la cause de Dieu. » Fidèle à ses principes, vous l'entendrez dire à son frère : « Obligez-moi de ne pas défendre à votre fils François de m'écrire : il peut en avoir besoin ; et un petit mot, qui n'est rien pour moi, est un grand sujet de contentement pour lui. »

En vérité, c'est raisonner à merveille ! Térèse comprenait, pour l'avoir éprouvé, que rien, à certaines heures, n'est bon à l'âme comme l'épanchement : telle peine, intolérable quand on la concentre en soi-même, devient légère dès qu'elle est partagée par un cœur ami. « Mon Père », écrivait-elle un jour à ce propos au P. Jésuite Hernandez, « mes peines ont été si grandes et si nombreuses depuis le mois d'août de l'année dernière, que ce serait une bien douce consolation pour moi de vous voir et de pouvoir soulager mon âme en vous en racontant quelques-unes. » Nous verrons qu'elle en usait de même avec plusieurs autres saints Religieux.

Mais il faut remarquer de suite, puisque l'occasion s'en présente, que notre Sainte professa toujours pour la Compagnie de Jésus une estime extraordinaire mêlée de beaucoup d'affection. Ce sont évidemment les Pères de la Compagnie qu'elle vise dans ce passage d'une lettre de 1560 : « Je désire plus ardemment que jamais que Dieu ait à son service des hommes qui unissent à la science un entier détachement de toutes choses d'ici-bas qui ne sont que mensonge et dérision : je sens l'extrême besoin qu'en a l'Eglise. » Que s'il peut d'ailleurs y avoir quelque doute sur le sens exact de ce passage, en voici un autre absolument formel : « La Compagnie de Jésus est grandement propre à toute espèce de bien. » Dans un autre en-

droit, la Sainte dit au P. Suarez :
« Nous sommes tous vassaux du même
Roi, quoique attachés les uns au Fils
et les autres à la Mère. » Et, comme
gage de bonne confraternité, elle s'em-
ploie à les soutenir elle-même et à leur
susciter de généreux défenseurs : « Je
suis persuadée », écrit-elle à cet effet,
« qu'on gagne beaucoup devant Dieu à
les protéger et à les aider. »

Saint Jean de la Croix bénéficiait,
lui aussi, de l'amitié de sainte Térèse :
« Vous avez », disait-elle de lui à la
prieure de Véas, « vous avez près de
vous le P. Jean de la Croix, qui est un
homme céleste et divin ». Puis il faudrait citer encore le bon P. Mariano,
l'archevêque don Teutonio de Bragance, la duchesse d'Albe, le roi Phi-
lippe II et nombre d'autres person-
nages qui étaient au mieux avec notre
Sainte.

Mais puisque j'ai parlé de tendresse,
j'ai sous la main deux noms qui me
serviront excellemment à grouper

autour d'eux les idées de Térèse sur cette chose divine qui s'appelle l'amitié : c'est le nom du P. Gratien que j'ai cité déjà plusieurs fois, et celui de la Prieure de Séville, Marie de Saint-Joseph. Térèse va nous fournir une page nouvelle à joindre à l'un des chapitres les plus attachants de l'histoire monastique, celui de l'amitié dans le cloître.

IX

L'AMITIÉ

L'AMITIÉ étant, avant tout, une affaire de cœur, il n'est peut-être pas de sentiment dont les hommes aient ou plus médit ou dit plus de bien. J'ose presque ajouter, sans appuyer davantage sur la raison de ces appréciations contraires, que les uns et les autres sont logiques. Mais... on peut, sans cesser absolument d'être logique *conclure* par une énormité : tout dé-

pend de la majeure du raisonnement, ou, si vous voulez, du point de départ.

Eh bien ! au point de départ, je prise moins volontiers telle ou telle assertion doctorale et tranchante, que la simple et naïve confidence qui s'épanche de l'âme d'un Saint. Dans toutes les questions qui ont trait au monde du dedans, et, en particulier, dans la délicate question qui nous occupe, je crois sur parole les Témoins que l'Eglise propose à notre culte, et plus encore, s'il se peut, ceux dont elle souhaite que « la céleste doctrine devienne pour nos âmes un aliment (1). »

Or. sainte Térèse, l'un des Témoins les plus autorisés en la matière, fait partout, de l'amitié, le plus sincère et le plus enthousiaste des éloges. « C'est un précieux trésor, » dit-elle, « qu'un bon ami par le temps qui court. »

En vain semble-t-elle découragée,

(1) « Coelestis ejus doctrinae pabulo nutriamur, » dit l'oraison du Bréviaire, au jour de la fête de sainte Térèse.

à certaines heures : « Ah ! qu'on trouve peu d'amis, » s'écrie-t-elle, « qu'on en trouve peu au temps de l'adversité ! » elle se remet bientôt en campagne, à la poursuite de cette « chose rare » dont parle un de nos poètes. Toujours incorrigible, parce qu'on n'amende pas la générosité du cœur, elle oublie vite les déceptions et autres méprises, pour ne songer qu'au bonheur de quelque conquête nouvelle, j'entends, de quelque conquête d'âme.

Car il faut bien le dire encore, c'est aux âmes que Térèse s'attaquait de suite, dans l'amitié. Les préliminaires étaient courts : elle marchait droit au centre de la place ; elle ne paraissait s'intéresser vivement à tout ce dont pouvaient l'entretenir ses amis qu'afin d'avoir le droit de les amener à son tour sur son terrain propre et de s'occuper avec eux des choses de leur intérieur.

Voyez que de ruses innocentes, que d'ingénieux propos pour se les attacher, gagner leur confiance — la *con-fiance!* le grand secret en amitié, — et atteindre le but final, leur *faire du bien!* « Comme mon cœur est où vous êtes, » écrit-elle à noble dame Louise de La Cerda, « je voudrais bien aussi y être de corps. » — « Pourquoi me demander tous ces pardons? » fait-elle observer à un autre correspondant; « pourvu que vous m'aimiez autant que je vous aime, je vous pardonne tout, non seulement pour le passé, mais encore *pour l'avenir.* » Et à un troisième : « Ne pensez pas que ce soit temps perdu de m'écrire; j'ai quelque *besoin,* je vous assure, que vous me donniez cette consolation. »

Que si quelque symptôme inquiétant l'induit à comprendre qu'elle fait fausse route, elle se redresse dans l'énergique loyauté de sa conscience, ou elle brise sur l'heure et sans hésitation. « Plus j'aime une personne, » dit-elle, « moins je puis supporter de lui voir commettre une faute. » Et ailleurs : « Quand la conscience est intéressée, il n'y a amitié qui tienne. Voyant, comme je l'ai vu, que c'est une chose contraire à la conscience, je serai inflexible, dut le monde s'abîmer. »

Mais, par contre, si une âme s'offre à elle et lui donne de solides espérances de perfection, elle n'a ni trêve ni repos qu'elle ne l'ait fait sienne. « Je ne saurais rencontrer », déclare-t-elle dans une page de sa *Vie*, « je ne saurais rencontrer une personne dont les heureuses qualités me charment, que je ne me sente soudain pressée d'un désir violent de la voir toute à Dieu, et cela avec une telle ardeur que j'en suis quelquefois hors de moi-même. »

Voilà, pour ainsi dire, les *théories* de notre Sainte. Arrivons, sans plus d'explications, à la *pratique*.

J'ai dit que, dans cette multitude d'affections qui élargit son cœur, deux affections dominèrent toutes les autres.

La première alla au P. Jérôme Gratien, visiteur apostolique de la réforme du Carmel, guide spirituel de Térèse, et religieux d'une telle sainteté, qu'au jugement du P. François de Sainte-Marie, premier annaliste des Carmes Déchaussés, l'Ordre peut, dès qu'il le voudra, s'occuper de sa canonisation.

En 1575, à Véas, Notre-Seigneur l'avait donné à Térèse pour directeur jusqu'à la fin de ses jours : elle avait alors soixante ans ; il en comptait trente. Mais à défaut des années, il avait la précoce et divine maturité du sacerdoce, et il avait en outre, avec la science d'un Docteur, les vertus et la piété d'un grand serviteur de Dieu. Sa conversation, au rapport même de notre Sainte, était pleine de charmes ; il alliait à une extrême fermeté, une douceur inépuisable ; et quand il fallait sévir, il tempérait les réprimandes par une suavité si agréable que nul ne pouvait se plaindre de lui.

Sainte Térèse, qui avait entendu parler du Père avec éloge et qui le savait très dévoué à la cause de la réforme, désirait beaucoup le voir. Il est superflu d'observer qu'un échange de lettres n'avait fait qu'ajouter à ce désir.

Un jour enfin, le P. Gratien se rendit à Véas : « Je ne pourrais dire », raconte la chère Sainte, « quelle fut ma joie à son arrivée ; mais celle que j'éprouvai dès que je commençai à m'entretenir avec lui fut incomparablement plus grande. Il me contenta au delà de toute expression. J'acquis alors la certitude que ceux qui me l'avaient tant loué ne connaissaient qu'une très faible partie de son mérite. Dès le premier instant de notre entrevue, je sentis s'évanouir toutes mes pensées, parce que Notre-Seigneur me représenta comme dans un tableau tout le bien que ce religieux devait faire à notre Ordre. Durant plusieurs jours j'en eus une consolation et une allégresse si excessives que je ne me connaissais plus moi-même. »

Faisant ensuite allusion à l'intimité de leurs colloques : « Le P. Gratien », écrit-elle, « n'en a jamais tant dit à nul autre, ni même à ses confesseurs. Tantôt il me parlait avec cette entière ouverture, parce qu'il jugeait qu'à cause de mon grand âge et de ce qu'on lui avait dit de moi, je devais avoir quelque expérience ; tantôt la suite naturelle de l'entretien le portait à me confier non seulement les secrets de son âme, mais beaucoup d'autres encore qui ne sont pas de nature à être racontés. »

On ne sera donc point surpris des détails qui vont suivre et que j'emprunte à différentes lettres des sept dernières années de la vie de sainte Térèse. Si quelques-uns semblent de peu d'importance, on voudra bien ne pas les apprécier avec trop de rigueur mais se rappeler plutôt que, dans les attentions du cœur, rien n'est de peu de prix.

« Ma seule peur », lui écrit-elle en

1580, c'est que vous n'achetiez une bête qui vous jette par terre. Avec ce petit mulet, je crains moins que vous ne tombiez... Ne soyez pas, je vous prie, si réservé à accepter ce qu'on vous offre ; vous me tuez avec ces excès de délicatesse. » Dans une autre occurrence, elle recommande à ses Religieuses d'avoir soin du *Père* plus que d'elle-même : « Nous ne saurions apporter », dit-elle, « trop d'attention à sa santé. Informez-vous s'il est assez couvert : *faites-lui surtout bien couvrir les pieds..* » Apprend-elle qu'on l'entoure de soins et qu'on lui témoigne le plus affectueux intérêt : « J'aimais beaucoup », lui écrit-elle, « j'aimais beaucoup auparavant nos sœurs de Séville ; mais maintenant, je sens que je les aime chaque jour davantage, à cause de la sollicitude qu'elles ont pour celui auquel je voudrais prodiguer la mienne, étant toujours là pour le bien traiter et pour le servir. »

Ah ! c'est qu'elle se sentait profon-
dément unie à son Père Gratien !...
Ne croyez pas cependant qu'elle ait eu
en lui un approbateur complaisant de
toutes ses vues : « Je me trouve une
liberté d'autant plus grande de vous
manifester tous mes désirs et de vous
exposer mes pensées, que vous faites
moins de cas de mes idées. » La raison
de cette intimité, c'est qu'elle aimait le
Père comme savent aimer les Saints,
sans égoïsme et pour Dieu. « O mon
Père, dit-elle quelque part, quelle solitude mon *âme* éprouve chaque jour de
se voir si éloignée de vous!... »

Pour faire diversion à la solitude,
on s'écrivait des volumes.

Le P. Gratien ayant, au lendemain
d'une de leurs causeries, mis un tour
plus enjoué que d'ordinaire dans la
signature de sa lettre : « Je trouvai
charmant, » lui réplique-t-elle aussitôt,
« quand Paul (c'était le surnom du
Père) plaça au bas de sa lettre : *Votre
fils chéri.* Et comme je m'écriai sou-

dain, attendu que j'étais seule : Qu'il a bien raison ! »

Et pourtant, Térèse savait faire à Dieu le sacrifice de tant de tendresse. Exposée, dans une tournée de fondations, à ne rencontrer le P. Gratien ni à Tolède, ni à Ségovie, ni à Madrid, elle avait le courage de lui écrire ; « Béni soit Celui dont la Providence conduit tout ! Je vous parlerai où vous êtes, et, si cela m'est refusé, *nous nous verrons au ciel !* »

En vérité, ai-je eu tort de prétendre que Térèse et le P. Gratien s'aimèrent comme les saints savent aimer ?

Mais il me faut citer encore un autre exemple de ces amitiés admirables.

Avec l'affection pour le P. Gratien, notre Sainte en eut une autre et non moins vive pour la Prieure du monastère de Séville, sœur Marie de Saint-Joseph. Je prends, dans l'une des dernières lettres qu'elle lui écrivit, un passage propre à mettre la chose en

toute évidence : « Si vous me chéris-
sez beaucoup, je vous le rends, je vous
assure ; mais *j'aime que vous me le
disiez*. Oh ! qu'il est vrai que notre
nature nous porte à *être payées de
retour !* Cela ne doit point être mau-
vais, puisque Notre-Seigneur même
l'exige de nous. Car bien qu'il y ait
une distance infinie entre l'amour qui
est dû à cet adorable Maître qui a tant
de droits à notre service, et celui qui
convient à de faibles créatures, c'est
cependant un avantage pour nous de
lui ressembler en quelque chose, ne
fût-ce qu'en cela. »

Toutes les lettres à la Prieure sont
sur le même ton et peuvent servir de
commentaire à ce passage.

C'est un perpétuel « soignez-vous, »
joint à de pressantes recommandations
de ne pas laisser languir une si douce
correspondance : « Je vous en supplie, prenez soin de votre santé. » Et,
plus loin : « Ma fille, je suis en peine
de votre mal ; écrivez-moi au plus tôt

comment vous êtes. » Ou encore : « J'aime à croire que cette fièvre n'est pas continue, et cela me console un peu ; mais de grâce, soignez-vous. »

Puis, pour que les courriers se succèdent avec régularité, la Sainte donne à ses instances la forme la plus vive : « Que Votre Révérence m'aime du fond du cœur comme je l'ai toujours aimée, cela ne me surprend pas ; mais j'aime à vous l'entendre répéter. » Quelques mois plus tard elle ajoute : « Plus votre lettre est longue, plus elle me fait plaisir. »

Et comme Marie de Saint-Joseph saisissait de tous points la leçon et s'en montrait digne, Térèse n'hésitait pas à lui écrire, en 1579, c'est-à-dire deux années environ avant sa mort : « Quoique je vous aie toujours beaucoup aimée, ma tendresse pour vous a augmenté si fort, que j'en suis tout étonnée. Aussi, ne vous puis-je exprimer le désir que j'ai de vous voir et de *vous embrasser tout à mon aise.* »

On n'imagine rien de plus touchant.

Néanmoins, voici encore, pour cette amitié, deux nuances que je ne puis laisser dans l'ombre :

« Ma fille, » écrivait sainte Térèse à la chère Prieure, « ma fille, je vous aime au delà de tout ce que vous pouvez penser, car *je vous aime avec tendresse.* » Et, dans une autre circonstance : « J'ai une si grande tendresse pour vous, qu'il me serait impossible de vous oublier ou de cesser de prier le Seigneur pour votre avancement dans la vertu. »

L'exquise délicatesse, le sublime désintéressement d'une semblable amitié ne s'analyse point. J'ai cru pouvoir raconter ces histoires intimes : mais là se borne mon rôle. Je craindrais, en insistant, d'enlever à ces aveux ingénus la meilleure part de leur poésie et de leur beauté.

X

CONCLUSION

E portrait de sainte Térèse, tel que j'ai voulu le détacher de ses *Lettres*, me semble en ce moment, bien près d'être achevé. Tout au plus reste-t-il à donner, par ci, par là, quelques légers coups de pinceau pour compléter la ressemblance de la figure.

Venons-en donc à ces dernières retouches et terminons cette étude, trop

étendue peut-être au gré du lecteur,
mais qui m'a paru bien courte, et que,
pour un peu, j'aurais encore la tentation de prolonger.

Avec notre Sainte, il y a cela de particulier que le sérieux, dans ses lettres, n'exclut pas l'enjouement. A
maintes reprises déjà l'on a pu s'en
convaincre. Mais il faut, pour la pleine
édification de tous, égayer ici mon
sujet par quelques citations décisives.

Une nuit, elle s'était oubliée à écrire
à la Prieure de Séville, Marie de Saint-
Joseph, très avantageusement présentée plus haut. Il était fort tard. Térèse
lui communique en détail les nouvelles du monastère ; puis, pour finir ,
« Adieu, » lui dit-elle ; « *ne soyez pas
une petite ingrate !* »

Cependant, il y a mieux à relever
que cette piquante recommandation.

Ouvrons au hasard, pour cela, les
lettres au P. Gratien : « Mes compliments, » lui écrit-elle, à « qui vous
jugerez à propos, et, en particulier, au

P. Antoine de Jésus. Demandez-lui cependant si, par hasard, *il a fait vœu de ne pas me répondre.* »

Ce bon Père Antoine était en effet, à ses heures, d'un silence désespérant. Mais ce cas était aussi, à certains jours, celui du Père Gratien lui-même, non point certes avec Térèse — l'aurait-il pu, en vérité ? — mais avec quelques supérieures de la réforme.

A ce propos, notre Sainte lui mandait : « Toutes les religieuses de Valladolid se recommandent aux prières de Votre Paternité, mais la prieure dit qu'elle ne vous écrit pas ; comme elle a *le verbe si délié, elle ne s'accommode pas de parler à des muets.* »

Ailleurs, Térèse va jusqu'à lui dire : « J'ai peine à croire que ce pauvre Père Castagno *prêche bien :* faites-lui mes compliments et *dites-moi si on l'écoute.* » Mais c'était là un mouvement de la nature : elle s'en aperçoit et retire le mot. « Voyez, » poursuit-elle,

« quelle curiosité ! Non, *ne le dites
pas, et déchirez cette lettre.* »

Voilà bien le plus charmant aveu qui
se puisse imaginer, et j'ajoute, le plus
instructif que puisse rêver notre faiblesse.

Voulez-vous maintenant quelques
réflexions où se révèle surtout le mo-
raliste ?...

Ecoutez d'abord celle-ci. Elle est à
l'adresse d'un Père qui semblait prendre à tâche de contrecarrer le visiteur
apostolique. Etait-ce, chez lui, vel-
léité d'opposition, visée ambitieuse,
ou étroitesse d'esprit ? Le déterminer
serait difficile ; cependant, à en juger
par l'ensemble de la lettre, on se ris-
querait peu en disant que la vue courte
et les idées bornées du personnage de-
vaient être la principale cause de sa
conduite. Térèse en souffrait énormé-
ment. Aussi profita-t-elle de la première occasion pour écrire à son Père
Gratien un mot très court, mais des
plus expressifs, et dont le texte prête-

rait peut-être à mainte application nouvelle : « Je ne comprends rien à de
certaines saintetés ! »

En voici un autre non moins digne
de mémoire : « Tel est ce monde où
nous sommes que, quand bien même
vous auriez mon âge (Térèse avait
alors cinquante ans environ), vous ne
le connaîtriez encore qu'imparfaite-
ment. »

Mais rien n'est aussi typique et ne
se passe plus de commentaire que la
remarque suivante : « Quiconque est
exposé aux yeux du monde *doit extrê-
mement prendre garde de quelle façon il pratique même la vertu.* »

Restons-en là et concluons.

De toutes les gloires dont s'honore
l'Eglise, au xvie siècle, sainte Térèse
est incontestablement l'une des plus
nobles et des plus pures. L'Espagne
elle-même, si riche alors en illustra-
tions de toute sorte, n'en compte
aucune qui puisse prétendre à la sur-
passer. Jamais on ne vit tant de gran-

deur jointe à tant de vertu, ni les qualités de l'esprit plus étroitement unies à celles du cœur. Religieuse modèle, puis véritable fondatrice, dans un Ordre qu'elle sauva de la décadence, elle allia toujours la douceur à la fermeté et la promptitude des résolutions aux inspirations de la prudence.

Ses *Lettres*, sur lesquelles j'ai pu seulement ouvrir quelques échappées rapides, sont un texte inépuisable d'instructions pour qui veut réfléchir sur soi, sur le monde et sur Dieu. C'est, de plus, un texte qui *retient*. Il circule dans ces pages je ne sais quel souffle embaumé, quelle sève vivifiante. Térèse y est tout entière.

Forte dans ses amitiés même les plus tendres, affectueuse et pleine d'abandon avec son Dieu, désintéressée et jamais égoïste, ne sachant de la recherche personnelle que ce qu'il en faut connaître pour prémunir ses filles contre cette dangereuse tendance,

Térèse captive toujours et à tous égards.

S'il fallait cependant préciser la cause du genre de séduction qu'exerce, dans sa correspondance, cette femme incomparable, je ne m'arrêterais pas, pour la trouver, à tel ou tel point de détail.

Ce qui fait, à mon sens, le charme exquis de ses *Lettres*, ce n'est, à proprement parler, ni sa haute sagesse, ni son énergie, ni ses vertus. C'est à la fois tout cela : c'est son âme.

Sainte Térèse est attachante, parce qu'elle nous RACONTE SON AME.

TABLE DES MATIERES

Lyon. — Imp. Vitte et Perrussel, rue Sala, 58.

LYO*N*

IMPRIMERIE VITTE & PERRUSSEL

58, Rue Sala, 58

Lyon.— Imp. VITTE ET PERRUSSEL, r. Sala, 58.

www.ingramcontent.com/pod-product-compliance
Ingram Content Group UK Ltd.
Pitfield, Milton Keynes, MK11 3LW, UK
UKHW022307070726
13614UKWH00002B/588